*Die Blumen des Frühlings
sind die Träume des Winters*

Khalil Gibran

Die Blumen des Frühlings sind die Träume des Winters

INTEGRAL

Zusammengestellt
und mit einem Nachwort versehen
von Wolf Leonhart

Copyright © dieser Ausgabe 1998 by
Scherz Verlag, Bern, München, Wien,
für den Integral Verlag.
Alle Rechte an der Auswahl vorbehalten.
Das Copyright der einzelnen Texte liegt bei den
im Quellenverzeichnis genannten Inhabern.
Einbandgestaltung: Zembsch' Werkstatt
unter Verwendung eines Dias der
Bildagentur Imagine, München.

Inhalt

In dunklen und weit entfernten Tälern
Worte im Sand 9
Logik 10
Die Weisheit und ich 15
Euer Denken – mein Denken 19

Das Geheimnis der Schöpfung
Der Fluß 25
Natur und Mensch 27
Ein altes, ewiges Gesetz 30
Wind 33
Erde 37
Der Granatapfel 43
Lied der Blume 45

Eine Insel in einem Ozean der Einsamkeit
Die Zauberin 47
Ein unhörbarer Gesang 50
Über das Leben 52

Der Schatten 56
Die Bühne des Lebens 58
Vollkommenheit 61

Die mächtige Regentin
Lied der Liebe 63
Über den ersten Blick 66
Über den ersten Kuß 67
Über die Ehe 68
Am Tor des Tempels 70
Der Einsiedler und die wilden Tiere 76
Auferstehung 78

Ein Garten in ständiger Blüte
Vor dem Thron der Schönheit 84
Gewänder 88
Die Göttin der Phantasie 89
Wir und ihr 94

Wir sind Gott in der Gestalt des Blattes
Wer ist Gott? 102
Die Antwort 105
Gott und Götter 107
Der Pfad 109

Der Fluß der Stille
Nebel, meine Schwester 111
Zwei Wünsche 115
In der Stadt der Toten 119
Gestern, heute und morgen 123

Zu Khalil Gibran 125

Quellennachweis 128

In dunklen
und weit entfernten Tälern

Worte im Sand

Ein Mann sprach zu einem anderen: «Vor langer Zeit schrieb ich mit der Spitze meines Stabes eine Zeile in den Sand – als die Flut kam; und die Menschen bleiben immer noch stehen, um die Worte zu lesen, und sie achten darauf, daß sie nicht verwischt werden.»

Und der andere Mann sprach: «Auch ich schrieb eine Zeile in den Sand, doch zur Zeit der Ebbe; und eine Woge der rauhen See spülte sie fort. Aber sage mir, was hast du geschrieben?»

Und der erste Mann antwortete, indem er sprach: «Dieses: ‹Ich bin der, der ist.› Und wie lauteten deine Worte?»

Der andere sprach: «Ich schrieb: ‹Ich bin nur ein Tropfen dieses weiten Ozeans.›»

Logik

An einem regnerischen Abend in Beirut gab sich Effendi Salem Deybis seinen Studien hin und blätterte in einem alten Buch. Von seinen wulstigen Lippen stiegen gelegentlich Rauchwölkchen empor, die aus einer türkischen Zigarette stammten. Effendi Salem las den Dialog der Selbsterkenntnis des Sokrates, so wie er von seinem Schüler Platon aufgezeichnet wurde. Effendi Salem dachte über das, was er las, lange nach und war voll des Lobes für die Philosophen des Abend- und des Morgenlandes.

«Erkenne dich selbst», ahmte er den Sokrates nach, sprang von seinem Stuhl auf, warf die Arme in die Höhe und rief: «Wie wahr, ich muß mich selbst erkennen und tief in das Geheimnis meines Herzens eindringen; nur so kann ich Zweifel und Angst bannen. Es ist nun meine oberste Pflicht, dem materiellen Sein mein geistiges Sein zu enthüllen und dann die Geheimnisse meines menschlichen Daseins dem nichtgegenständlichen Wesen zu offenbaren.»

Mit ungewohnter Glut leuchteten seine Augen, voll Liebe zur Erkenntnis – zur Selbsterkenntnis.

Dann begab er sich in das angrenzende Zimmer und verharrte dort vor dem Spiegel wie eine Statue, bestaunte sein geistiges Selbst und grübelte über die Form seines Kopfes und seines Gesichts sowie über den Wuchs seiner Glieder und seines Körpers nach.

Eine halbe Stunde lang verharrte er in dieser Stellung, als würde die Ewige Weisheit ihn mit wundervollen und erhabenen Gedanken überströmen, in denen die Geheimnisse seiner Seele offen dalägen und sein Herz mit Licht erfüllten. Gelassen begann er daraufhin, mit sich selbst zu sprechen: «Ich bin von kleiner Statur, doch waren das nicht auch Napoleon und Victor Hugo? Ich habe eine niedrige Stirn, doch die hatten auch Sokrates und Spinoza. Glatzköpfig bin ich wie Shakespeare. Meine Nase ist lang und gekrümmt – fast wie die von Voltaire und George Washington. Ich habe tiefliegende Augen, doch die hatten auch der Apostel Paulus und Nietzsche. Meine aufgeworfenen Lippen gleichen denen von Ludwig XIV., und mein gedrungener Nacken sieht aus wie der von Hannibal und Marcus Antonius.» Nach einer Weile fuhr er fort:

«Meine Ohren sind lang und mögen eher auf den Kopf eines Tieres passen, doch Cervantes hatte ebensolche Ohren. Meine Gesichtszüge stehen weit vor, und meine Wangen sind eingefallen, aber so sahen auch Lafayette und Lincoln aus. Ich habe ein fliehendes Kinn wie William Pitt und Goldsmith. Eine meiner Schultern ist höher als die andere, aber das war auch bei den Schultern von Gambetta so. Meine Handflächen sind zu dick und meine Finger zu kurz, doch darin gleiche ich Eddington.

Ich sehe abgemagert aus, aber ist dies nicht ein charakteristisches Merkmal, das großen Denkern gemeinsam ist? Sonderbar, ich kann mich auch nicht niedersetzen, um etwas zu lesen oder zu schreiben, ohne dabei Kaffee zu trinken – genauso wie Balzac. Überdies neige ich dazu, mich mit dem gewöhnlichen Volk einzulassen; in dieser Hinsicht gleiche ich Tolstoi. Manchmal wasche ich mir drei oder vier Tage lang nicht Hände und Gesicht; so wie auch Beethoven und Walt Whitman. Sobald ich mir Zeit zur Entspannung nehme, höre ich seltsamerweise dem Klatsch der Frauen zu, wenn sie sich erzählen, was sie während der Abwesenheit ihrer Männer tun. Genau das tat auch Boccaccio. Mein Durst nach Wein übersteigt den eines Christopher Marlowe, eines Abi Nowas und sogar den Noahs, und meine Eßlust übertrifft die des Emirs von Baschir und die des großen Alexander.»

Wieder hielt Effendi Salem inne, tippte sich mit seinen schmutzigen Fingern an die Stirn und sprach weiter:

«Das bin ich, das ist mein wirkliches Wesen. Ich besitze alle Eigenschaften der großen Männer vom Anbeginn der Geschichte bis zum heutigen Tag. Ein junger Mensch, ausgestattet mit solchen Qualitäten, ist für große Leistungen und Taten bestimmt.

In der Selbsterkenntnis liegt das Wesen der Weisheit. Nun werde ich das große Werk, zu dem ich durch den gewaltigen Geist des Universums berufen bin, beginnen; denn es war dieser Geist, der gewisse sichtbare Wesenszüge tief in mein Herz pflanzte. Große Männer habe ich begleitet – von Noah bis Sokrates, von Boccaccio bis Achmed Farris Shidyak. Ich weiß nicht, mit welcher gewaltigen Tat ich beginnen werde, doch ein Mensch, der in seinem mystischen Sein und in seinem wirklichen Wesen alle diese geheimnisvollen Eigenschaften, die von der Hand des Tages und der Eingebung der Nacht geformt sind, in sich vereinigt, ist zweifellos befähigt, große Dinge zu vollbringen... Ich habe mich selbst erkannt; und die Göttlichkeit hat mich erkannt. Lang lebe meine Seele und lang lebe ich selbst! Möge das Weltall niemals untergehen, damit ich meine Absichten verwirklichen kann.»

Und Effendi Salem ging in seinem Zimmer auf und ab, sein häßliches Gesicht glänzte vor Freude, und mit einer Stimme, die wie das Miauen einer Katze und gleichzeitig wie Knochengeklapper klang, sprach er folgende Verse von Abi'Al-Ala'Al Ma'arri:

Auch wenn ich der Letzte meiner Zeit bin,
Werde ich etwas schaffen, was meine
Väter und Vorväter nicht schufen.

Und bald schlief unser Freund in seinem unordentlichen Gewand auf seinem schmutzigen Bett ein, und sein Schnarchen klang wie das Reiben von Mühlsteinen.

Die Weisheit und ich

In der Stille der Nacht kam die Weisheit in meine Kammer und stellte sich an mein Bett. Sie blickte mich an wie eine liebevolle Mutter, trocknete meine Tränen und sprach:

«Ich habe die Schreie deiner Seele vernommen und bin hierher geeilt, um dich zu trösten. Öffne mir dein Herz, und ich werde es mit Licht füllen. Frage mich, und ich werde dir den Pfad der Wahrheit weisen.»

Ich kam ihrer Aufforderung nach und fragte:

«Wer bin ich, o Weisheit, und wie kam ich an diesen fürchterlichen Ort? Was bedeuten diese großartigen Hoffnungen, diese Berge von Büchern und diese befremdenden Gebräuche? Was sollen all diese Gedanken, die wie eine Schar Tauben kommen und gehen? Und diese Worte, die wir nach Wunsch hervorbringen und freudig niederschreiben? Was meinen diese schmerzlichen und freudigen Entschließungen, die meine Seele umklammern und mein Herz einhüllen? Wessen sind die Augen, die mich anstarren, in die innersten Winkel meiner Seele dringen und doch meinen Gram übersehen? Und diese Stimmen, die das Schwinden meiner Tage bejammern und Loblieder auf meine Kindheit singen? Was bedeutet diese Jugend, die mit meinen Wünschen spielt und meine Gefühle verspottet, welche die Taten von gestern vergißt, mit der Geringfügigkeit des Heute zufrieden ist und sich gegen das langsame Nähern des Morgen wappnet?

Was ist das für eine schreckliche Welt, die mich in Bewegung hält; und in welches unbekannte Land führt sie mich?

Und diese Erde, die ihren Rachen weit aufreißt, um unsere Leiber zu verschlingen, und die der Gier einen immerwährenden Schutz gewährt? Wer ist der Mensch, der mit der Gunst des Schicksals zufrieden ist und einen Kuß von den Lippen des Lebens fordert, während ihm der Tod ins Gesicht schlägt? Was will der Mensch, der einen Augenblick der Freude mit einem Jahr der Reue erkauft und der sich dem Schlafe hingibt, während die Träume ihm zurufen? Wer ist der Mensch, der auf den Wogen der Unwissenheit dem Abgrund der Dunkelheit entgegenschwimmt?

Sage mir, Weisheit, was bedeutet dies alles?»

Und die Weisheit öffnete ihre Lippen und sprach:

«O Mensch, du könntest die Welt durch die Augen Gottes sehen und könntest die Geheimnisse des Jenseits mit dem menschlichen Verstand begreifen. Aber dein Handeln ist die Frucht der Unwissenheit.

Geh auf das Feld und sieh, wie die Biene über den lieblichen Blumen schwebt und wie sich der Adler auf seine Beute stürzt. Geh in deines Nachbarn Haus und schau dort das Kind an, das vom Scheine des Feuers verzaubert wird, während die Mutter mit ihrem Haushalt beschäftigt ist. Sei wie die Biene und vergeude die Tage deines Frühlings nicht damit, dem Treiben des Adlers zuzuschauen. Sei wie das Kind, das sich am Feuer erfreut, und laß die Mutter sein. Alles, was du siehst, war und ist noch dein.

Die vielen Bücher, die befremdenden Gebräuche und die liebenswürdigen Gedanken um dich herum sind die Schatten jener Seelen, die vor dir da waren. Die Worte, die deine Lippen sprechen, sind die Glieder der Kette, die dich und deine Gefährten verbindet. Die traurigen und die freudigen Ereignisse bedeuten die Saat, welche die Vergangenheit auf das Feld deiner Seele streute, auf daß die Zukunft sie ernte.

Die Jugend, die mit deinem Verlangen spielt,

ist diejenige, welche das Tor deines Herzens öffnen wird, um das Licht einzulassen. Die Erde, die ihren Rachen weit aufreißt, um den Menschen und seine Werke zu verschlingen, ist der Erlöser deiner Seele aus der Knechtschaft deines Körpers.

Die Welt, die sich mit dir bewegt, ist dein Herz, das wiederum die Welt selbst ist. Und der Mensch, den du für so klein und unwissend hältst, ist ein Bote Gottes, der gekommen ist, um durch die Trauer die Freude des Lebens zu erlernen und durch Unwissenheit zum Wissen zu gelangen.»

So sprach die Weisheit, legte ihre Hand auf meine heiße Stirne und sagte:

«Brich nun auf und zögere nicht; vorwärts zu gehen heißt, der Vollkommenheit zu folgen. Geh und fürchte dich nicht vor den Dornen und den harten Steinen auf dem Pfade des Lebens.»

Euer Denken – mein Denken

Euer Denken ist wie ein Baum, der tief im Boden der Überlieferung verwurzelt ist und dessen Zweige durch die Kraft der Beständigkeit wachsen.

Mein Denken ist wie eine Wolke, die am Himmel schwebt. Sie wandelt sich in Regentropfen, die, sobald sie niederfallen, einen Bach bilden, der sich seinen Weg zum Meer bahnt. Danach hebt sie sich als Nebel wieder zum Himmel empor.

Euer Denken gleicht einer Festung, die weder Sturm noch Blitz erschüttern können.

Mein Denken gleicht einem zarten Blatt, das in jede Richtung schwingt und an dieser Bewegung Freude findet.

Euer Denken ähnelt einem alten Dogma, das sich nicht verändern kann und das auch ihr nicht verändern könnt.

Mein Denken ist neu, und es prüft mich, so wie ich es morgens und abends erprobe.

Ihr habt euer Denken, und ich habe das meine.

Euer Denken erlaubt es euch, an den ungleichen Kampf zwischen dem Starken und dem Schwachen zu glauben sowie an die List, mit welcher der Einfältige vom Schlaueren übervorteilt wird.

Mein Denken schafft in mir das Verlangen, die Erde mit meiner Hacke umzupflügen, die Ernte mit meiner Sichel einzubringen, mein Haus aus Stein und Mörtel aufzubauen und mein Gewand aus Wolle und Leinen zu weben.

Euer Denken nötigt euch zur Verbindung mit Wohlstand und Einfluß.

Mein Denken empfiehlt mir Selbstvertrauen.

Euer Denken tritt für Ruhm und Gepränge ein.

Das meine rät mir dringend, Ruhmsucht zu vermeiden, und behandelt sie wie ein Sandkorn, das an die Gestade der Ewigkeit geworfen wurde.

Euer Denken flößt euren Herzen Überheblichkeit und Überlegenheit ein.

Das meine pflanzt die Liebe zum Frieden und das Verlangen nach Unabhängigkeit in mich ein.

Euer Denken läßt euch von Palästen träumen, deren Möbel aus Sandelholz gefertigt und mit Edelsteinen beschlagen sind und deren Betten seidene Decken haben.

Mein Denken flüstert mir sanft ins Ohr: «Bleibe rein an Körper und Seele, auch wenn du keinen Platz hast, an dem du dein Haupt niederlegen kannst.»

Euer Denken läßt euch nach Titeln und Ämtern streben.

Das meine ermahnt mich zur Demut.

Ihr habt euer Denken, und ich habe das meine.

Euer Denken beruht auf gesellschaftlichen Erkenntnissen und ist ein religiöses und politisches Wörterbuch.

Mein Denken bedarf keiner Beweise.

Euer Denken spricht von der schönen Frau und von der häßlichen, von der tugendhaften und der käuflichen, von der klugen und der dummen.

Das meine sieht in jeder Frau die Mutter, die Schwester oder die Tochter irgendeines Mannes.

Die Gegenstände eures Denkens sind Diebe, Verbrecher und Meuchelmörder.

Mein Denken erklärt, daß Diebe die Geschöpfe der Marktwirtschaft sind, Verbrecher die Nachkommen von Tyrannen und Meuchelmörder die Blutsverwandten von Totschlägern.

Euer Denken schreibt Gesetze, Gerichte, Richter und Strafen vor.

Das meine weiß, daß der Mensch, indem er

ein Gesetz macht, es entweder verletzen oder ihm folgen muß. Wenn es ein grundlegendes Gesetz gibt, so sind wir alle vor ihm gleich. Wer das Geringe verachtet, ist selbst gering. Wer mit der Verachtung eines Sünders prahlt, bringt damit seine Verachtung der gesamten Menschheit zum Ausdruck.

Euer Denken interessiert sich für den Handwerker, den Künstler, den Gelehrten, den Wissenschaftler und den Priester.

Das meine spricht vom Liebenden und vom Leidenschaftlichen, vom Aufrichtigen und Ehrenhaften, vom Ehrlichen, vom Freundlichen und vom Märtyrer.

Euer Denken tritt ein für das Judentum, den Hinduismus, den Buddhismus, das Christentum und den Islam.

In meinem Denken gibt es nur eine allgemeingültige Religion, deren verschiedene Wege nichts anderes sind als die Finger der liebenden Hand des höchsten Wesens.

In eurem Denken gibt es den Reichen, den Armen und den Bettler.

Mein Denken meint, daß es keinen anderen Reichtum gibt als das Leben; daß wir alle Bettler sind und daß nur das Leben allein ein Wohltäter sein kann.

Ihr habt euer Denken, und ich habe das meine.

Nach eurem Denken liegt die Größe einer Nation in ihren Politikern, ihren Parteien, ihren Verhandlungen, Bündnissen und Staatsverträgen.

Doch mein Denken behauptet, daß die Bedeutung einer Nation in der Arbeit liegt – in der Arbeit auf den Feldern, in den Weingärten, am Webstuhl, in der Gerberei, im Steinbruch, im Sägewerk, in den Kontoren und Druckereien.

Euer Denken meint, der Ruhm der Nationen verkörpere sich in ihren Helden. Es singt Loblieder auf Ramses, Alexander, Caesar, Hannibal und Napoleon.

Aber mein Denken sagt, daß die wirklichen Helden Konfuzius, Lao-Tse, Sokrates, Platon, Abi Taleb, El Gazali, Jalal Ed-din-el Roumy, Kopernikus und Pasteur sind.

Euer Denken sieht Macht in Armeen, Kanonen, Kriegsschiffen, Unterseebooten, Flugzeugen und Giftgasbomben.

Mein Denken behauptet, daß Macht nur in Vernunft, Entschlossenheit und Wahrheit zu finden ist. Wie lange ein Tyrann sich auch halten möge, am Ende wird er der Verlierer sein.

Euer Denken unterscheidet zwischen dem Pragmatiker und dem Idealisten, zwischen dem Teilstück und dem Ganzen, zwischen dem Materialisten und dem Mystiker.

Das meine hat erkannt, daß das Leben *ein Ganzes* ist und daß seine Gewichte, Maße und Tabellen mit den euren nicht übereinstimmen. Derjenige, den ihr für einen Idealisten haltet, kann in Wirklichkeit ein praktisch veranlagter Mann sein.

Ihr habt euer Denken, und ich habe mein Denken.

Euer Denken interessiert sich für Ruinen und Museen, Mumien und Versteinerungen.

Mein Denken schwebt in den sich stets erneuernden Nebeln und Wolken.

Euer Denken ist auf dem Verstand aufgebaut. Seitdem ihr stolz darauf seid, verherrlicht ihr ihn auch.

Mein Denken wandert in dunklen und weit entfernten Tälern.

Euer Denken tönt laut, während ihr tanzt.

Mein Denken zieht eurer Musik und eurem Tanzen die Todesangst vor.

Euer Denken ist Geschwätz und falsche Freude.

Meines ist das Denken dessen, der verloren im eigenen Lande lebt, der ein Fremder ist in seinem eigenen Volk und unter seinen Freunden und Verwandten einsam bleibt.

Ihr habt euer Denken, und ich habe mein Denken.

Das Geheimnis der Schöpfung

Der Fluß

Im Tal von Kadisha, wo der mächtige Fluß strömt, kamen zwei Seitenarme zusammen und unterhielten sich.

«Wie geht es dir, mein Freund», fragte der eine, «und wie war dein Weg?»

«Mein Weg war beschwerlich», antwortete der andere. «Ein Mühlrad war gebrochen, und der Bauer, der mich stets von meinem Bett zu seinen Feldern führte, ist tot. Ich bäumte mich auf gegen das Versickern im Schmutze derer, die den ganzen Tag nichts zu tun haben, als ihre Faulheit in der Sonne zu braten. Doch wie war dein Weg, mein Bruder?»

«Mein Weg war ganz anders. Ich kam die Hügel herab zwischen duftenden Blüten und stillen Weiden. Männer und Frauen tranken aus mir mit silbernen Bechern, und kleine Kinder planschten mit ihren rosigen Füßen an meinen Uferrändern, und überall herum gab es Gelächter und Gesang. Wie traurig, daß dein Weg nicht auch so schön verlief.»

In diesem Augenblick sprach der große Fluß mit mächtiger Stimme: «Herein, nur herein, wir fließen dem Meer zu! Herein, und hört zu sprechen auf. Kommt jetzt mit mir! Wir fließen zum Meer. Kommt, bei mir werdet ihr eure Wanderungen vergessen, ob sie nun schön oder beschwerlich waren. Kommt! Ihr und auch ich, wir werden alle unsere Wege vergessen, wenn wir das Herz unserer Mutter, die See, erreicht haben.»

Natur und Mensch

Bei Tagesanbruch saß ich auf dem Felde und unterhielt mich mit der Natur. Die Menschen ruhten noch friedvoll unter den Decken des Schlummers. Ich legte mich in das Gras und dachte über folgende Fragen nach:

«Ist Wahrheit Schönheit? Ist Schönheit Wahrheit?»

In meinen Gedanken fand ich mich weit fortgetragen von der Menschheit, und meine Vorstellungskraft lüftete den Schleier der Materie, die mein innerstes Wesen verbarg. Meine Seele breitete sich aus, ich ward der Natur und ihren Geheimnissen näher gebracht, und meine Ohren öffneten sich für die Sprache ihrer Wunder.

Als ich tief in Gedanken versunken dasaß, fühlte ich einen leichten Wind durch die Zweige der Bäume wehen, und ich vernahm ein Seufzen, das dem Jammern eines verirrten Waisenkindes glich.

«Warum seufzt du, sanfter Wind?» fragte ich.

Und die Brise antwortete: «Weil ich aus der

Stadt komme, die unter der Hitze der Sonne glüht, und weil die Keime von Krankheit und Siechtum mein reines Kleid beschmutzt haben. Wie kannst du da meinen Gram tadeln?» Ich blickte auf die tränenüberströmten Gesichter der Blumen und hörte ihr sanftes Klagen. Und ich fragte: «Warum weint ihr, liebliche Blumen?»

Eine von ihnen hob ihren Kopf und flüsterte: «Wir weinen, weil die Menschen kommen werden, um uns abzuschneiden und auf den Marktplätzen der Stadt zu verkaufen.»

Und eine andere Blume fügte hinzu: «Am Abend, wenn wir verwelkt sind, wird man uns zum Abfall werfen. Wir weinen, weil uns die grausame Hand des Menschen von unserer Heimat trennt.»

Und ich hörte den Bach jammern wie eine Witwe, die ihr totes Kind beklagt, und fragte: «Warum jammerst du, reiner Bach?»

Der Bach antwortete: «Weil ich in die Stadt getrieben werde, wo die Menschen mich verachten und gegen den Saft der Trauben eintauschen, mich zum Gassenkehrer für ihren Abfall machen, meine Reinheit beschmutzen und meine Gefälligkeit besudeln.»

Ich hörte die Vögel klagen und fragen: «Weshalb klagt ihr, schöne Vögel?» Einer von ihnen flog herbei, setzte sich auf einen Ast und sagte: «Die Söhne Adams werden mit ihren tödlichen Waffen bald auf dieses Feld kommen und gegen uns Krieg führen, als wären wir ihre Todfeinde. Wir sagen jetzt einander Lebewohl, denn wir wissen nicht, wer von uns der Wut des Menschen entkommen wird. Der Tod folgt uns, wohin wir auch gehen.»

Die Sonne stieg hinter den Berggipfeln empor und vergoldete die Spitzen der Bäume. Ich blickte auf dieses schöne Bild und fragte mich: «Weshalb muß der Mensch zerstören, was die Natur geschaffen hat?»

Ein altes, ewiges Gesetz

Eines Tages, da sie im Schatten weißer Pappeln saßen, fragte einer der Schüler: «Meister, die Zeit ängstigt mich. Sie geht über uns hinweg und stiehlt unsere Jugend, doch was gibt sie uns dafür?»

Und er antwortete und sprach: «Nimm eine Handvoll guter Erde. Vielleicht findest du ein Samenkorn darin oder eine Raupe. Wäre deine Hand nun groß und geduldig genug, würde der Same ein Wald werden und die Raupe eine Schar geflügelter Wesen. Doch vergiß nicht, daß die Jahre, die aus den Samen Wälder bilden und aus den Raupen geflügelte Wesen, Teile von diesem *Heute* sind.

Und was sind die Zeiten des Jahres, wenn nicht eure eigenen Gedanken, die sich ändern? Frühling ist ein Erwachen in eurer Brust, der Sommer aber ein Erkennen eurer Fruchtbarkeit. Ist nicht der Herbst eure Vergangenheit, die dem Kindgebliebenen in euch ein Wiegenlied singt? Und ich frage, ist nicht der Winter ein tiefer Schlaf, voll von Träumen der anderen Zeiten des Jahres?»

Nun schaute ihn Mannus, der wißbegierige Schüler an und sah hinter ihm Pflanzen, die in Blüte standen und sich an den Platanen emporrankten. Und er sagte: «Sieh die Parasiten, Meister. Was sagst du über sie? Sie sind Diebe mit müden Lidern, die den standhaften Kindern der Sonne das Licht stehlen, und sie werden immer schöner, während der anderen Lebenskraft in ihre Zweige und Blätter fließt.»

Almustafa antwortete ihm und sprach: «Mein Freund, wir alle sind Parasiten. Wir, die danach streben, das Grasland in fühlbares Leben zu wandeln, stehen nicht über denen, die ihr Leben geradewegs vom Rasen erhalten, ohne etwas davon zu wissen. Wird etwa eine Mutter zu ihrem Kind sagen: ‹Ich gebe dich dem Wald zurück, der deine größere Mutter ist, denn mein Herz und meine Hand sind müde von dir.›?

Oder wird ein Sänger sein eigenes Lied tadeln und sagen: ‹Nun kehre zurück zum Käfig des Widerhalls, dem du entstammst, denn deine Stimme verbraucht meinen Atem.›?

Und wird der Schäfer zu seiner Herde sagen: ‹Ich habe keine Weide, wo ich euch hinführen könnte, deshalb lasse ich euch ziehen, damit ihr Opferlämmer werdet.›?

Nein, mein Freund, stets liegt die Antwort vor der Frage, wie die Träume erfüllt sind schon vor dem Schlaf.

Wir leben einer vom anderen, nach einem alten, ewigen Gesetz. Laß uns so leben in liebender Freundschaft. Wir suchen einander in unserer Einsamkeit, und wir gehen auf die Straße, wenn wir keinen Herd haben, an dem wir sitzen können.

Meine Freunde und Brüder, die breite Straße ist euer Gefährte.

Diese Pflanzen, die auf den Bäumen leben, trinken die Milch der Erde in der süßen Stille der Nacht, und die Erde – in ihrem ruhigen Schlaf – saugt an der Brust der Sonne.

Und die Sonne und ihr und ich und alles, was ist, wird in gleicher Weise bewirtet an der Tafel des Fürsten, dessen Tor immer offen steht und dessen Tisch stets gedeckt ist.

Mannus, mein Freund, alles, was ist, lebt stets von allem, das ist; und alles, das ist, lebt in der Hoffnung, doch ohne Gestade, von der Gabe des Allerhöchsten.»

Wind

O Wind, du streichst an uns vorüber, einmal lieblich und zärtlich, ein andermal seufzend und klagend. Wir hören, aber wir sehen dich nicht; wir nehmen deine Berührung wahr, doch können wir deinen Schatten nicht erspähen. Du gleichst einem Ozean der Liebe, der unsere Seelen überschwemmt, sie aber nicht ertränkt. Du steigst auf die Hügel, fällst in die Täler hinab und verstreust dich über Felder und Wiesen. In deinem Steigen liegt Kraft und Anmut in deinem Fall. Du bist wie ein gnädiger Herrscher, barmherzig mit dem Unterdrückten, aber streng gegen den Anmaßenden und Starken.

Im Herbst seufzt du in den Tälern, und die Bäume geben deine Klage wieder. Im Winter sprengst du deine Ketten, und die gesamte Natur lehnt sich mit dir auf.

Im Frühling erhebst du dich, noch schwach und hinfällig, aus deinem Schlummer, und durch deine matten Bewegungen beginnen die Felder zu erwachen.

Im Sommer verbirgst du dich hinter einem Schleier der Ruhe, als wärest du gestorben, von den Pfeilen der Sonne und den Speeren der Hitze niedergeworfen.

Klagtest du wirklich in den letzten Tagen des Herbstes, oder lachtest du über die Schamröte der nackten Bäume? Warst du an Wintertagen ärgerlich, oder tanztest du um die schneebedeckten Gräber der Nacht?

Warst du im Frühling wirklich geschwächt, oder beklagtest du den Verlust deiner Geliebten, der Jugend aller Jahreszeiten?

Warst du während jener Sommertage vielleicht tot, oder schliefst du nur im Kern der Früchte, in den Reben der Weinstöcke oder in den Ähren des Weizens auf der Tenne?

Du erhebst dich aus den Straßen der Städte und trägst die Samenkörner der Plagen mit dir fort; und von den Hügeln bringst du den duftenden Atem der Blumen. Ebenso erträgt die große Seele die Trauer des Lebens und begegnet der Freude in der Stille.

Du flüsterst der Rose ein Geheimnis ins Ohr, und sie begreift dessen Sinn. Oftmals ist sie beunruhigt – dann wieder ergötzt. So verfährt auch Gott mit der Seele des Menschen.

Bald zögerst du, bald bist du in Eile und bewegst dich unaufhörlich. So ist das Gemüt des

Menschen, der lebt, solange er handelt, und der stirbt, sobald er müßig ist. Du schreibst deine Lieder auf das Antlitz des Wassers; dann verwischst du sie. Diesem Tun gleicht die Arbeit des Dichters.

Vom Süden kommst du heiß wie die Liebe, vom Norden so kalt wie der Tod, vom Osten sanft wie die Regung der Seele und vom Westen gewaltig wie Wut und Zorn. Bist du wankelmütig wie die Zeiten oder ein Bote gewichtiger Neuigkeiten aus den vier Himmelsrichtungen?

Du rast durch die Wüste, zertrampelst die arglosen Karawanen und begräbst sie unter Bergen von Sand. Bist du ebenso die leichte Brise, die in der Morgendämmerung die Blätter erzittern läßt und wie ein Traum durch die gewundenen Täler streicht, wo die Blumen sich zum Gruße neigen und das Gras, von deinem Hauch berauscht, schwer die Köpfe hängen läßt?

Du erhebst dich von den Meeren und störst den Frieden ihrer Tiefen, und in deinem Zorn vernichtest du Schiffe und Mannschaften. Bist du dieselbe sanfte Brise. die mit den Locken der Kinder spielt, wenn sie um die Häuser herumtoben?

Wohin trägst du unsere Herzen, unsere Seufzer, unseren Atem und unser Lächeln? Was treibst du mit den wehenden Fackeln unserer

Seelen? Bringst du sie an einen Ort jenseits allen sichtbaren Lebens? Zerrst du sie wie Weiheopfer zu weit entfernten Höhlen, um sie dort zu vernichten?

In der Stille der Nacht enthüllen die Herzen dir ihre Geheimnisse. Und am Morgen öffnen sich die Augen unter deiner sanften Berührung. Achtest du darauf, was die Herzen gefühlt oder die Augen gesehen haben?

Zwischen deine Schwingen legt der Verängstigte den Widerhall seiner Klagelieder, die Waise ihr gebrochenes Herz und der Unterdrückte seine schmerzlichen Seufzer. In den Falten deines Kleides birgt der Fremdling seine Sehnsucht, der Verlassene seine Trauer und die gefallene Frau ihre Verzweiflung.

Bewahrst du sie alle vor der Erniedrigung? Oder gleichst du der Mutter Erde, die alles, was sie hervorbringt, wieder begräbt?

Hörst du die Schreie und das Wehklagen? Hörst du das Jammern und Seufzen? Oder bist du wie der Stolze und Mächtige, der weder die ausgestreckte Hand des Armen sieht, noch seine Schreie vernimmt?

Wind, hörst du denn?

Erde

Wie schön bist du, Erde, und wie erhaben!
In deiner Vollendung gehorchst du dem Licht
und unterwirfst dich mit Würde der Sonne!

Wie lieblich bist du, wenn dich die Schatten
  umhüllen,
dein Antlitz entzückt uns, wenn Dunkelheit es
  vor uns verhüllt!

Wie sanft ist das Lied deines Morgens,
wie streng der Gesang deiner Nacht!
Wie vollkommen bist du, o Erde, und wie
  erhaben!

Ich hab deine Eb'nen durchwandert und deine
  felsigen
Berge erklommen. In deine Täler stieg ich hinab
und fand den Eingang zu deinen Höhlen.
Deine Träume entdeckte ich in der Ebene, auf
  dem Berg
deinen Stolz und im Tal deine Ruhe.

In den Felsen sah ich deine Entschlossenheit,
und in den Höhlen spürte ich dein Geheimnis.

Du bist schwach und bist stark, bescheiden und auch stolz.
Du bist biegsam und bist starr, sichtbar, aber auch verhüllt.
Ich habe deine Meere befahren und deine Flüsse erkundet,
ich bin dem Lauf deiner Bäche gefolgt.
Durch Flut und Ebbe vernahm ich den Gesang der Ewigkeit,
von deinen Hügeln klang das Echo deiner Lieder aus vergang'ner Zeit.
In deinen Bergen und an deinen Hängen hört ich das Leben nach dem Leben rufen.
Dein Frühling weckte mich und führte mich auf deine Felder,
wo gleich dem Weihrauch voller Duft dein Atem schwebt.
Ich hab die Fülle deines Sommers wahrgenommen
und sah dein Blut als Wein im Herbste fließen.
Dein Winter trug mich in dein Bett, in dem der Schnee von deiner Reinheit kündete.
Im Frühling bist du duftende Essenz, im Sommer gnadenreich,
im Herbst die Quelle aller Fülle.

In einer ruhigen, klaren Nacht stieß ich die Fenster
und die Türen meiner Seele auf und trat hinaus, um dich zu seh'n;
mein Herz schlug schnell vor Wonne und Verlangen.
Ich sah dich zu den Sternen blicken; sie lächelten
auf dich herab. Da warf ich meine Fesseln fort, denn
nun ward mir bewußt: der Seele Wohnstatt liegt in deinem Raum.
Und ihre Wünsche wachsen mit den deinen, ihr Friede
liegt in deinem Frieden, ihr Glück in jenem gold'nen Staub,
den dir die Sterne auf den Körper streuen.

Nach einer dunklen Nacht, als schon der Morgen graute
und meine Seele furchtsam war und müd, trat ich zu dir hinaus.
Und du erschienst mir wie ein Riese, bewaffnet mit den Stürmen,
in denen Gegenwart mit dem Vergang'nen kämpft,
und die das Alte mit dem Neuen tauschen,
das Schwache mit dem Starken wechseln.

So lernte ich, daß das Gesetz des Menschen
auch dein Gesetz ist,
daß der, dess' dürre Äste
nicht im Sturme brechen, ermattet sterben wird,
und der, der sich nicht auflehnt, um seine
 trock'nen Blätter
abzustreifen, langsam zugrunde geht.

Wie gebefreudig bist du, Erde, und wie sehr
sehnst du dich nach deinen Kindern, die
 zwischen dem verloren sind,
was sie erhalten haben, und dem, was sie nicht
 haben können.
Wir klagen, und du lächelst; wir fliehen,
doch du bleibst!
Wir fluchen, und du segnest,
wir schänden, und du heiligst.
Wir schlafen ohne Träume, jedoch du
träumst in ewigem Erwachen.

Mit Schwert und Speer durchbohr'n wir deine
 Brust,
Du aber pflegst mit Öl und Balsam uns're
 Wunden.
Wir pflanzen deinen Feldern Knochen und auch
 Schädel ein,
du läßt daraus Zypressen
und die Weidenbäume wachsen.

Wir leeren unsern Abfall auf dein Antlitz,
du füllst mit Weizengarben uns're Scheunen
und mit Trauben uns're Keltern.
Wir rauben dir die Elemente, um Bomben
und Kanonen zu erzeugen, du aber schaffst aus
   unserm Stoff
nur Lilien und Rosen.

Wie duldsam bist du, Erde, und wie gnädig!
Bist du ein Staubkorn, das der Fuß des ew'gen
   Gottes
hochwarf, als er vom Osten her zum Westen
   seines Universums ging?
Bist du ein Funke, den die Ewigkeit
aus ihrem Herde warf?
Bist du die Saat, die auf das Feld des Himmels
   fiel,
um Gottes Baum zu werden und mit
starken Zweigen das Firmament zu überragen?
Bist du ein Tropfen Blut
in eines Riesen Adern, ein Tropfen Schweiß
auf seiner Stirn?

Bist du die Frucht, die in der Sonne reift?
Wächst du am Baum des absoluten Wissens,
der Wurzeln hat, die sich zur Ewigkeit
   erstrecken,
und dessen Äste bis zur Unendlichkeit sich
   schwingen?

Bist du ein Edelstein, den einst der Gott der Zeit
dem Gott des Raumes in die Hand gelegt?

Wer bist du, Erde, und was bist du wohl?
Du bist Ich, o Erde!

Du bist mein Sehvermögen, meine Urteilskraft,
du bist mein Wissen und mein Traum,
mein Hunger und mein Durst bist du
und meine Freude wie auch meine Not.
Du bist mein Irrtum und bist meine
   Achtsamkeit,
die Schönheit, die in meinem Auge lebt,
bist das Verlangen meines Herzens
und meiner Seele ew'ges Leben.

Du bist Ich, o Erde.
Und wärest du nicht für mich da,
so würdest du nicht sein.

Der Granatapfel

Als ich einst im Herzen eines Granatapfels wohnte, hörte ich einen Samen sagen: «Eines Tages werde ich ein Baum sein, der Wind wird in meinen Zweigen rauschen, die Sonne wird sich in meinem Laub spiegeln, und zu allen Zeiten des Jahres werde ich stark und schön sein.»

Darauf sagte ein anderer Samen: «Als ich so jung war wie du, hatte ich auch solche Wünsche. Mittlerweile habe ich gelernt, die Dinge zu gewichten, und eingesehen, daß meine Hoffnung eitel war.»

Auch ein dritter Samen sagte: «Ich sehe nichts in uns, das eine so große Zukunft verspricht.»

Ein vierter sagte: «Aber was ist das für ein Leben, ohne Hoffnung auf eine größere Zukunft!»

Darauf ein fünfter: «Warum streiten wir uns darüber, was wir einst sein werden, wissen wir doch nicht einmal, was wir sind.»

Ein sechster: «Was wir sind, das werden wir auch bleiben.»

Ein siebenter sagte: «Ich habe eine ganz klare Vorstellung, wie alles kommen wird, aber ich kann sie nicht in Worte fassen.»

Dann sprach ein achter Samen – und ein neunter – und ein zehnter – und dann viele – und schließlich alle, bis ich in dem Stimmengewirr nichts mehr unterscheiden konnte.

Noch am selben Tag übersiedelte ich in das Herz einer Quitte. Dort gibt es weniger Samen, und die sind recht schweigsam.

Lied der Blume

Ich bin ein liebenswertes Wort,
Das durch die Stimme der Natur
Geäußert und verbreitet wird;
Ein Stern, der aus dem blauen Zelt des Himmels
Auf einen grünen Teppich fiel.
Ich bin ein Kind der Elemente,
Vom Winter empfangen, vom Frühling erweckt;
Im Schoß des Sommers wachse ich auf
Und schlafe im Bett des Herbstes ein.

Am Morgen verbünde ich mich mit dem Wind,
Um das Kommen des Lichts zu verkünden;
Am Abend schließe ich mich den Vögeln an,
Und wir sagen gemeinsam dem Tag Lebewohl.

Mit meinen schönen Farben sind alle Felder
Geschmückt; und die Luft ist erfüllt
Von meinem Wohlgeruch.

Sobald mich der Schlummer umhüllt,
Wachen die Augen der Nacht über mir;

Und wenn ich erwache, blick' ich zur Sonne
  empor,
Welche das einzige Auge des Tages ist.

Ich trinke den Tau des Morgens wie Wein,
Ich lausche den Stimmen der Vögel
Und tanze zum Wiegen des Grases.

Ich bin des Geliebten Geschenk und der Kranz
  der Braut,
Die Erinn'rung an Augenblicke des Glücks
Und die letzte Gabe des Lebens am Grab;
Ich habe Anteil an Freude und Leid.

Stets wende ich meine Blicke nach oben,
Um einzig das Licht nur zu sehen,
Und schaue niemals hinab auf meinen Schatten.
Ich wünschte, es würden die Menschen
Den Sinn dieser Weisheit erkennen.

Eine Insel
in einem Ozean der Einsamkeit

Die Zauberin

Die Frau, die mein Herz geliebt hat, saß gestern noch in diesem einsamen Gemach, ruhte sich auf diesem samtenen Diwan aus und nippte kostbaren alten Wein aus diesen kristallenen Kelchen.

Dies ist mein Traum von gestern: denn die Frau, die mein Herz geliebt, ist nach einem fernen Ort aufgebrochen, nach dem Land des Vergessens und der Leere. Der Abdruck ihrer Finger haftet noch an meinem Spiegel, den Duft ihres Atems verspüre ich in den Falten meines Gewandes, und den Widerhall ihrer lieblichen Stimme kann man in diesem Raume noch wahrnehmen. Doch die Frau, die mein Herz geliebt hat, ist zu einem weit entfernten Ort aufgebrochen, welcher das Tal der Verbannung und des Vergessens genannt wird.

Neben meinem Bett hängt ein Bildnis dieser Frau. Die Liebesbriefe, die sie mir schrieb, habe ich in einer silbernen Schatulle, die mit Smaragden und Korallen verziert ist, aufbewahrt. All dies wird bei mir bleiben bis morgen, wenn der Wind es in die Vergessenheit treiben wird, dorthin, wo nur stummes Schweigen herrscht.

Die Frau, die ich geliebt habe, gleicht den Frauen, denen ihr euer Herz schenkt. Sie ist von seltener Schönheit, so als wäre sie von Gott gemacht, sanft wie die Taube, klug wie die Schlange, stolz und anmutig wie der Pfau, wild wie der Wolf, lieblich wie der weiße Schwan und furchterregend wie die schwarze Nacht. Sie ist aus einer Handvoll Erde und einem Becher Meeresschaum geschaffen.

Ich habe diese Frau von Kindheit an gekannt. Ich bin ihr auf die Felder gefolgt und ergriff den Saum ihres Gewandes, wenn sie in den Straßen der Stadt wandelte. Ich habe sie seit den Tagen meiner Jugend gekannt, und ich habe den Schatten ihres Gesichts auf den Seiten der Bücher, die ich las, gesehen. Im Murmeln des Baches vernahm ich ihre himmlische Stimme.

Ihr eröffnete ich die Zwiespältigkeiten meines Herzens und die Geheimnisse meiner Seele.

Die Frau, die mein Herz geliebt hat, ist an einen kalten, öden und weit entfernten Ort gegangen – ins Land der Leere und des Vergessens.

Die Frau, die meine Seele geliebt hat, wird *Leben* genannt. Sie ist wunderschön und zieht alle Herzen an sich. Sie nimmt unser Leben als Pfand und stillt unsere Sehnsucht mit Versprechungen.

Das *Leben* ist eine Frau, die in den Tränen ihrer Liebhaber badet und sich mit dem Blut ihrer Opfer salbt. Ihre Kleider sind weiße Tage, mit der Dunkelheit der Nacht besetzt. Sie nimmt das menschliche Herz zum Liebhaber, verweigert sich ihm jedoch bei der Hochzeit.

Das Leben ist eine Zauberin,
Die uns mit ihrer Schönheit verführt –
Doch wer ihre Tücken kennt,
Wird ihrer Verführung entgehen.

Ein unhörbarer Gesang

… Almustafa blickte in die Menge, und er sah sie alle, die Jugend und die Greise, den Gestählten und den Schwachen, jene, die von Wind und Sonne gerötet waren, wie die von bläßlichem Aussehen. Und auf ihren Gesichtern lag glühendes Verlangen und Frage.

Und einer sprach: «Meister, viel Schmerz brachte das Leben unserem Hoffen und Wünschen. Die Herzen sind verwirrt, und wir begreifen nicht. Ich bitte dich, stärke uns und lehre uns, den Sinn des Leidens zu verstehen.»

Das Herz des Meisters fühlte Mitleid, und er sprach: «Das Leben ist älter als alles, das lebt; wie auch das Schöne strahlte, ehe die Schönheit auf Erden geboren ward, und wie auch das Wahre Wahrheit war, ehe es ausgesprochen.

Das Leben singt in unserem Schweigen und träumt in unserem Schlummer. Selbst wenn wir besiegt und tot sind, triumphiert das Leben. Und wenn wir weinen, lächelt das Leben dem Tag, und es ist frei, selbst wenn wir in Ketten gehen.

Oft finden wir das Leben bitter, doch nur, wenn wir selbst von Bitterkeit umhüllt sind. Und wir halten es für leer und unergiebig, doch nur, wenn die Seele zu öden Orten zieht und das Herz berauscht ist von sich selbst.

Das Leben ist tief, prachtvoll und weit entfernt zugleich; und obwohl euer Blick nur seine Füße fassen kann, ist es auch nah; und obwohl nur der Hauch eures Atems sein Herz erreicht, streift der Schatten eures Schattens sein Gesicht, und der Widerhall eures schwächsten Schreies wird Frühling und Herbst in seiner Brust.

Das Leben ist verhüllt und verborgen, wie auch euer größeres Selbst verborgen und verhüllt ist. Aber wenn das Leben spricht, werden alle Winde Worte; und wenn es von neuem spricht, so wird das Lächeln auf euren Lippen und die Tränen in eurem Aug' zum Wort. Wenn es singt, hören es die Tauben und sind ergriffen; und wenn es sich langsam nähert, sehen es die Blinden und sind entzückt und folgen ihm verwundert und erstaunt.»

Hier endete sein Reden, und eine tiefe Stille breitete sich unter dem Volke aus; und in der Stille lag ein unhörbarer Gesang, und sie fühlten Trost in ihrer Einsamkeit und in ihrem Schmerz.

Über das Leben

Das Leben ist eine Insel in einem Ozean der Einsamkeit, eine Insel, deren Felsen Hoffnung, deren Bäume Phantasie, deren Blumen Alleinsein und deren Bäche Verlangen bedeuten.

Dein Leben, mein Freund, ist eine Insel, von allen anderen Inseln und Gefilden getrennt. Gleichgültig, wie viele Schiffe von deinen Küsten nach fernen Erdstrichen fahren, wie oft die Flut deine Gestade umspült, du bleibst eine vereinzelte Insel und mußt den Schmerz der Einsamkeit erdulden voll Sehnsucht nach Glück.

Mein Bruder, ich habe dich auf einem Berg voller Gold sitzen gesehen; du warst entzückt über deine Reichtümer, stolz auf deine Schätze und sicher in deinem Glauben, daß jede Handvoll Gold, welche du anhäuftest, ein unsichtbares Bindeglied zwischen den Wünschen und Gedanken anderer Menschen und den deinen sei.

In meinem Inneren habe ich dich als großen

Eroberer gesehen, wie du deine Truppen führtest, in der Absicht, die Festungen deiner Feinde zu zerstören. Doch als ich abermals hinsah, nahm ich nichts als ein einsames Herz wahr, das hinter seinen Goldkisten schmachtete wie ein durstiger Vogel in einem goldenen Käfig, dessen Wasserschalen leer sind.

Ich habe dich auf dem Throne des Ruhms sitzen sehen, und um dich herum stand dein Volk, bewunderte deine Herrlichkeit, sang Loblieder auf deine großen Taten, pries deine Weisheit und starrte dich an, als wäre ein Prophet zugegen; und die Begeisterung schwang sich empor bis zum Himmelszelt.

Und als du deine Untertanen betrachtetest, da nahm ich auf deinem Antlitz die Zeichen von Glück, Macht und Triumph wahr, so als wärest du die Seele ihrer Körper.

Und als ich nochmals hinblickte, fand ich dich allein in deiner Einsamkeit. Du standest neben deinem Thron, ein Verbannter, der seine Hand nach jeder Richtung hin ausstreckt, als würde er Barmherzigkeit und Güte von unsichtbaren Geistern erflehen und um Schutz bitten – einer, der selbst nichts als Wärme und Freundlichkeit geben kann.

Ich habe dich, mein Bruder, in eine wundervolle Frau verliebt gesehen, und du legtest dein

Herz auf den Altar ihrer Liebenswürdigkeit. Als ich sah, wie sie dich zärtlich und mütterlich anblickte, sprach ich zu mir: «Lang lebe die Liebe, die des Menschen Einsamkeit vertreibt und sein Herz mit dem eines anderen verbindet.»

Doch als ich erneut hinsah, erspähte ich in deinem liebenden Herzen ein weiteres, einsames Herz, das vergeblich danach schrie, seine Geheimnisse einer Frau zu enthüllen; und hinter deiner mit Liebe gefüllten Seele gab es eine zweite, einsame, die einer wandernden Wolke glich und vergebens wünschte, sich zu Tränen in den Augen der Geliebten verwandeln zu können...

Dein Leben, mein Freund, ist ein einsamer Ort, abgesondert von den Wohnstätten anderer Menschen. Es ist ein Haus, in dessen Inneres der Blick eines Nachbarn nicht eindringen kann. Wäre es in Dunkelheit gehüllt, könnte es die Lampe deines Nächsten nicht erleuchten. Gäbe es keine Vorräte darin, so vermöchten die Lager deines Nachbarn es nicht zu füllen. Stünde es in einer Wüste, könntest du es nicht in die Gärten anderer Menschen, die von fremder Hand bestellt und bepflanzt werden, tragen. Und wenn es auf dem Gipfel eines Berges läge, könntest du es nicht ins Tal, das von den

Schritten anderer Menschen erfüllt ist, versetzen.

Das Leben deines Geistes, mein Bruder, ist in Einsamkeit gehüllt, und würde es sich nicht so verhalten, dann wärest du nicht *du* und ich wäre nicht *ich*. Gäbe es dieses Alleinsein und dieses Einsamsein nicht, dann würde ich glauben, daß die Stimme, die ich vernehme, wenn du sprichst, meine eigene sei; oder ich würde dein Gesicht sehen, sobald ich selbst in den Spiegel blicke.

Der Schatten

An einem Tag im Juni sprach das Gras zum Schatten einer Ulme: «Du bewegst dich pausenlos hin und her. Und das stört mich in meiner Ruhe.»

Der Schatten aber antwortete: «Nicht ich bin das. Blicke einmal nach oben. Dort steht ein Baum, der sich im Wind nach Osten und nach Westen und zwischen der Sonne und der Erde bewegt.»

Das Gras blickte empor, und zum ersten Mal nahm es den Baum wahr. Darauf sprach es zu sich: «Schau an, es gibt Gras, das noch größer ist als ich.»

Und von nun an schwieg es.

Wenn du das Tal sehen möchtest,
steige auf den Berg.
Willst du die Bergspitze erblicken,
schwinge dich zur Wolke empor.
Willst du jedoch die Wolke verstehen,
schließe die Augen und denke nach.

Die Bühne des Lebens

Eine Stunde nur, die dem Streben nach Schönheit und Liebe
Geweiht ist, wiegt mehr als ein ganzes Jahrhundert an Ruhm,
Das der Schwache in seinem Schrecken dem Starken darbringt.

Dieser Stunde entstammt die Wahrheit des Menschen;
Aber in diesem Jahrhundert schläft sie
In den ruh'losen Armen verwirrender Träume.

In dieser Stunde erfaßt die Seele das Gesetz der Natur,
Aber in diesem Jahrhundert nimmt sie sich selbst
In Gewahrsam vor den Gesetzen des Menschen
Und wird mit den Ketten der Tyrannei gebunden.

Diese Stunde schenkte uns Salomos Lieder,
Doch dieses Jahrhundert die blinde Wut,
Die Balbeeks Tempel zerstörte.

Diese Stunde gab uns die Bergpredigt,
Doch dieses Jahrhundert legte Palmyras Paläste
Und Babylons Turm in Schutt und Asche.

In dieser Stunde gelang Mohammeds Flucht,
Doch dieses Jahrhundert vergaß Allah,
   Golgatha und den Sinai.
Die eine Stunde, die den Verlust des gleichen
   Rechts
Für die Schwachen beklagt, ist mehr wert
Als ein Jahrhundert des Neids und der
   Versklavung.

Es ist diese Stunde, in der das Herz
Durch die Flamme des Leids gereinigt
Und von der Fackel der Liebe erhellt wird.
Doch in jenem Jahrhundert wird alle Hoffnung
Auf Wahrheit im Schoß der Erde begraben.

Diese Stunde bedeutet die Wurzel
Der Pflanze, die blühen muß,
Ist die Zeit des Sinnens, Denkens und Betens
Und einer neuen Epoche des Heils.
Doch dieses Jahrhundert gleicht Neros Leben:

Es wird in Eigennutz und in Selbstsucht
　　verbracht,
Die nur aus irdischen Stoffen gemacht sind.

So ist das Leben,
Dargestellt auf der Bühne der Zeit,
Auf irdische Art über Jahrhunderte festgelegt.
Es lebte jahrelang in der Fremde
Und wurde als Loblied der Tage gesungen.
Gepriesen aber wurde nur eine Stunde,
Und diese wird von der Ewigkeit
Wie ein Juwel aufbewahrt.

Vollkommenheit

Du fragst mich, mein Bruder, wann wohl der Mensch
vollkommen sein wird. Hier die Antwort:
Er ist dann dem Vollkommenen nahe, wenn er spürt,
daß er ein Raum ohne Grenzen ist und ein Meer ohne Gestade,
ein ewig brennendes Feuer,
ein unlöschbares Licht,
ein sanfter Wind, ein tobender Sturm,
ein Himmel voll Donner und Regen,
ein singender Fluß, ein klagender Bach,
ein Baum, der den Frühling erblickt,
oder ein nackter Schößling im Herbst,
ein Berg, der hoch sich erhebt, oder ein sinkendes Tal,
eine fruchtbare Ebene oder ein wüstes Land.

Wenn der Mensch all dieses fühlt, ist er auf halbem Wege zur Vollkommenheit. Um sein Ziel auch zu erreichen, muß er verstehen,

daß er ein Kind ist, das von der Mutter abhängt,
ein Vater, der für die Familie steht,
ein Jüngling, der in Liebe sich verzehrt,
ein Greis, der mit vergang'nen Zeiten ringt,
ein Betender in seiner Kirche,
ein Missetäter im Gefängnis,
ein kluger Mann inmitten seiner Bücher,
die Seele ohne Wissen, die in der Dunkelheit der Nacht
und in der Düsternis des Tages stolpert,
die Nonne, die ihr Leid trägt inmitten
der Blumen ihres Glaubens und der Disteln ihrer Einsamkeit,
die Dirne in den Krallen ihrer Schwachheit
und in den Klauen der Bedürfnisse,
ein Armer in der Falle seiner Bitterkeit und Unterwerfung,
ein Reicher im Konflikt von Gier und Ehrenhaftigkeit,
ein Dichter in den Nebeln seiner Abenddämmerung
und in den Strahlen seiner Morgenröte.

Wer alles dies erfahren hat und sehen und verstehen lernt,
der kann Vollkommenheit erreichen und wird imstande sein,
ein Schatten von Gottes Schatten selbst zu werden.

Die mächtige Regentin

Lied der Liebe

Ich bin des Liebenden Auge,
Des Geistes Wein und des Herzens Nahrung.
Ich bin eine Rose; mein Herz öffnet sich morgens,
Wenn mich die Jungfrau küßt und an sich drückt.

Ich bin die Behausung des wahren Glücks,
Der Ursprung der Freude und der Beginn
Von Frieden und Ruhe.
Ich bin das sanfte Lächeln der Schönheit;
Wenn der Jüngling mich findet,
Vergißt er all seine Müh'n,
Und sein Leben wird wahr in süßen Träumen.

Ich bin die Erleuchtung des Dichters,
Des darstellenden Künstlers Bekenntnis,
Der klingende Einfall des Musikers.

Ich bin ein Altar im Herzen des Kindes,
Vor dem die liebende Mutter betet.

Ich komme beim Schrei des Herzens herbei
Und stelle keine Fragen.
Mein Überfluß sucht seinem Wunsch zu
 genügen
Und entzieht sich den leeren Rufen.

In Evas Gestalt erschien ich dem Adam,
Und die Verbannung war mein Los.
Und als ich mich Salomon offenbarte,
Empfing er die Weisheit durch mich.

Ich war der Helena hold, und sie zerstörte Troja;
Doch als ich Kleopatra krönte, herrschte der
 Friede
Im Tale des Nils.

Ich bin wie die Zeit: Heute richte ich
Große Bauwerke auf und zerstöre sie morgen.
Ich bin wie ein Gott, der erschafft und
 vernichtet.
Ich bin so süß wie der Seufzer des Veilchens
Und grausamer als der rasende Sturm.
Jedoch Geschenke locken mich nicht,
Der Abschied nahm mir noch niemals den Mut,
Und Armut macht mir nichts aus.

Der Argwohn stellt meine Achtsamkeit nicht auf die Probe,
Und die Tollheit nimmt meine Gegenwart gar nicht zur Kenntnis.

Ihr Suchenden, ich bin die Wahrheit,
Indem ich um Wahrheit flehe.
Eure Wahrheit jedoch, die darin besteht,
Mich zu suchen, zu finden und zu beschützen,
Wird mein Verhalten bestimmen.

Über den ersten Blick

Dies ist der Augenblick, der den Rausch des Lebens vom Erwachen trennt; die erste Flamme, welche das Innerste des Herzens erleuchtet; der erste bezaubernde Klang, der auf den silbernen Saiten der Seele ertönt. Es ist der kurze Augenblick, welcher dem Geist die Geschehnisse der Zeit enthüllt und der vor den Augen die Taten der Nacht und die Werke des Bewußtseins ausbreitet. Er eröffnet die Geheimnisse der zukünftigen Ewigkeit. Dies ist der Same, den Ishtar, die Göttin der Liebe, verstreut und den die Augen des geliebten Wesens auf das Feld der Liebe säen, der von der Liebe zum Wachsen und von der Seele zur Frucht gebracht wird.

Der erste Blick der Geliebten ist wie der Geist, der über dem Antlitz des Wassers schwebt und der Himmel und Erde schuf, als der Herr sprach: «Es werde.»

Über den ersten Kuß

Dies ist der erste Schluck aus dem Becher, den die Göttin mit dem Nektar des Lebens füllte; die Trennlinie zwischen dem Zweifel, der den Geist täuscht und das Herz betrübt, und der Gewißheit, die das innere Selbst mit Freude erfüllt. Er ist der Anfang des Liedes vom Leben und der erste Akt im Schauspiel des vollkommenen Menschen. Er ist das Band, welches das Geheimnis der Vergangenheit mit dem Glanz der Zukunft eint; das Bindeglied zwischen der Stille der Gefühle und ihren Liedern. Er ist ein Wort, das, von vier Lippen geäußert, dem Herzen einen Thron erbaut, die Liebe zum König ausruft und der Treue eine Krone aufsetzt. Er ist wie die zarte Berührung der Fingerspitzen, sanften Winden gleich, wenn sie die Rose streicheln und einen Seufzer des Glücks und ein holdes Wehklagen hervorrufen. Er ist der Beginn einer wundervollen Schwingung, welche die Liebenden aus der Welt von Maß und Zahl zu den Gefilden der Träume und Offenbarungen leitet.

Er ist die Vereinigung zweier duftenden Blumen und die Vermischung ihres Wohlgeruchs zur Erschaffung einer dritten Seele.

Wenn der erste Blick der Same ist, den die Göttin auf das Feld des menschlichen Herzens streut, so ist der erste Kuß die erste Blüte am Baume des Lebens.

Über die Ehe

Hier beginnt die Liebe, das Prosagedicht des Lebens in Hymnen und Lobgesängen wiederzugeben, mit einer Musik, welche nachts niedergeschrieben wird, um bei Tage gesungen zu werden. Hier zieht die verlangende Liebe den Schleier zurück und erleuchtet die dunklen Kammern des Herzens, indem sie eine Glückseligkeit schafft, die nur von der Wonne der Seele übertroffen wird, wenn sie Gott umarmt.

Die Ehe ist die Vereinigung zweier göttlicher Wesen, damit auf Erden ein drittes geboren werden kann. Sie ist das Aneinanderbinden zweier Seelen in heftiger Liebe, um die Trennung aufzuheben; die höhere Übereinstimmung, die zwei getrennte Einheiten zweier Seelen verbindet; der goldene Ring einer Kette, deren erstes Glied ein Blick und deren letztes die Ewigkeit ist. Sie ist der erfrischende Regen, der vom unbefleckten Himmel fällt, um die Gefilde der göttlichen Natur fruchtbar zu machen und zu segnen.

Wenn der erste Blick aus den Augen der Geliebten wie der Same ist, der ins menschliche Herz gestreut wird, und der erste Kuß ihrer Lippen wie die erste Blüte des Lebens, so ist die Vereinigung zweier Liebender durch die Ehe die erste Frucht aus der ersten Blüte dieser Saat.

Am Tor des Tempels

Ich reinigte meine Lippen mit heiligem Feuer, da ich von der Liebe sprechen wollte; doch ich konnte keine Worte finden.

Als ich die Liebe kennenlernte, wandelten sich meine Worte in mattes Keuchen, und das Lied in meinem Herzen wurde stumm.

O ihr, die ihr mich nach der Liebe fragt und die ich euch von ihren Geheimnissen und Wunden überzeugen wollte – jetzt, da sie ihren Schleier um mich geworfen hat, komme ich zu euch, um euch nach der Liebe Lauf und Lohn zu fragen.

Wer kann meine Fragen beantworten? Ich frage nach dem, was in mir vorgeht; und ich strebe danach, über mich selbst Kenntnis zu erhalten.

Wer von euch vermag es, mir mein Innerstes und meiner Seele ihren Kern zu enthüllen?

Um der Liebe willen, sagt mir, was ist das für eine Flamme, die in meinem Herzen brennt, die meine Kräfte aufzehrt und meinen Willen lähmt?

Was ist das für eine verborgene Hand, die zärtlich und gewaltsam zugleich nach meiner Seele greift? Was ist das für ein Wein, der aus bitterer Freude und süßem Schmerz gemischt ist und mein Herz überströmen läßt? Was sind das für Schwingen, die in der Stille der Nacht über mir schweben und mich schlaflos halten; und keiner weiß, worüber sie wachen.

Was ist das für ein unsichtbares Ding, auf das ich blicke? Was ist das Unbegreifliche, über das ich nachdenke, und was ist das für ein Empfinden, das nicht gefühlt werden kann?

In meinen Seufzern liegt eine Trauer, die schöner ist als der Widerhall des Lachens und hinreißender als die Freude.

Weshalb überlasse ich mich dieser unbekannten Macht, die mich erschlägt und mich wieder zum Leben erweckt, sobald es dämmert, und die meinen Kummer mit ihrem Licht erfüllt?

Die Gespenster der Schlaflosigkeit zittern unter meinen brennenden Lidern, und die Schatten der Träume schweben über meinem harten Lager.

Was ist es, das wir Liebe nennen? Sagt mir, was ist dieses Geheimnis, das sich in den Zeiten verbirgt und doch jedes Bewußtsein durchdringt?

Was macht dieses Bewußtsein aus, das zugleich Ursprung und Ergebnis aller Dinge ist?

Was bedeutet dieses Wachsein, das aus Leben und Tod einen Traum formt, der seltsamer ist als das Leben und tiefer als der Tod?

Sagt mir, Freunde, gibt es einen unter euch, der nicht aus dem Schlummer des Lebens erweckt würde, wenn die Liebe seine Seele berührt?

Wer von euch würde nicht seinen Vater und seine Mutter verlassen, sobald ihn die Jungfrau ruft, die sein Herz liebt?

Wer von euch würde nicht über ferne Meere segeln, die Wüsten durchziehen und den höchsten Berg besteigen, um die Frau zu treffen, die seine Seele erwählt hat?

Welches Jünglingsherz würde nicht dem Mädchen bis an das Ende der Welt folgen, von dessen duftendem Atem, süßer Stimme und sanfter Hand seine Seele hingerissen ist?

Welches lebende Wesen würde nicht sein Herz wie Weihrauch verbrennen vor einem Gott, der seine Bitten erfüllt und seine Gebete erhört?

Gestern stand ich am Tor des Tempels und

befragte die Vorübergehenden nach dem Geheimnis und dem Verdienst der Liebe.

Da trat ein Mann mit einem abgezehrten und schwermütigen Gesicht vor mich hin, seufzte und sprach:

«Die Liebe ist eine natürliche Schwäche, die uns vom ersten Menschen auferlegt wurde.»

Doch ein junger Mann erwiderte:

«Die Liebe verbindet die Gegenwart mit der Vergangenheit und der Zukunft.»

Eine unglücklich aussehende Frau seufzte:

«Die Liebe ist ein tödliches Gift, das von schwarzen Vipern, die aus der Hölle stammen, verspritzt wird. Es scheint wie Morgenduft zu sein, und die durstige Seele trinkt es begierig; doch nach dem ersten Rausch erkrankt der Trinkende und stirbt einen langsamen Tod.»

Daraufhin sagte lächelnd ein schönes Mädchen mit roten Wangen:

«Die Liebe gleicht dem Wein, den die Bräute der Dämmerung kredenzen. Er macht starke Seelen noch stärker und ermöglicht ihnen den Aufstieg zu den Sternen.»

Nach ihr sprach ein schwarz gekleideter bärtiger Mann, der finster blickte:

«Die Liebe ist die blinde Unwissenheit, mit der die Jugend beginnt und mit der sie endet.»

Und ein anderer lächelte und erklärte:

«Die Liebe ist ein göttliches Wissen, das es den Menschen ermöglicht, so viel zu sehen wie die Götter.»

Ein blinder Mann, der sich seinen Weg mit einem Stock ertastete, meinte:

«Die Liebe ist ein blind machender Nebel, der die Seele davon abhält, das Geheimnis des Seins wahrzunehmen, so daß das Herz nur zitternde Phantome des Verlangens inmitten der Hügel wahrnimmt und nur das Echo der Schreie aus den tonlosen Tälern hört.»

Ein Jüngling mit einer Laute sang:

«Die Liebe ist ein geheimnisvoller Strahl, der vom brennenden Kern der Seele ausgesendet wird und die Erde rundum erhellt. Er ermöglicht uns, das Leben wie einen geheimnisvollen Traum von Erwachen zu Erwachen wahrzunehmen.»

Und ein kraftloser Greis, der seine Füße wie zwei Klumpen schleppte, meinte schließlich mit zitternder Stimme:

«Die Liebe ist die Ruhe des Körpers in den Tiefen der Ewigkeit.»

Hinter ihm stand ein fünfjähriges Kind, das lachte:

«Die Liebe ist mein Vater und meine Mutter, und keiner kennt die Liebe außer ihnen.»

So stellten alle, die vorüberkamen, die Liebe

als das Bild ihrer Hoffnungen und Enttäuschungen hin, und sie blieb ein Geheimnis wie zuvor.

Da hörte ich eine Stimme innerhalb des Tempels:

«Das Leben ist in zwei Hälften geteilt, von denen die eine zugefroren ist und die andere in Flammen steht; die brennende Hälfte aber ist die Liebe.»

Daraufhin betrat ich den Tempel, kniete nieder und betete frohen Herzens:

«O Herr, mache mich zur Nahrung
der lodernden Flammen ...
Mache mich, o Herr, zur Speise
des heiligen Feuers ... Amen.»

Der Einsiedler und die wilden Tiere

Inmitten des grünen Hügellandes lebte einst ein Einsiedler. Rein war sein Geist und voller Unschuld sein Herz. Alle Tiere der Gegend und alle Vögel unter dem Himmel suchten ihn auf, und er sprach zu ihnen. Stets kamen sie als Paare zu ihm. Sie versammelten sich um ihn herum, lauschten seinen Worten und gingen erst, wenn die Nacht hereinbrach; er sandte sie dann davon, segnete sie und vertraute sie wieder dem Wind und den Wäldern an.

Eines Abends, als er von der Liebe redete, erhob eine Leopardin ihre Stimme und sagte zu ihm: «Du sprichst zu uns von der Liebe. Wo ist deine Gattin, Meister?»

Und der Einsiedler antwortete: «Ich habe keine Gattin.»

Da erhob sich ein lauter Schrei des Erstaunens aus der Versammlung der Tiere und der Vögel, und sie sprachen unter sich: «Wie kann er uns etwas von Liebe und Gemeinschaft erzählen, ohne selbst etwas davon zu wissen?» Und leise machten sie sich davon und achteten ihn gering.

In dieser Nacht lag der Einsiedler auf seiner Matte, und er weinte bitterlich und schlug sich mit den Fäusten gegen die Brust.

Auferstehung

Gestern, meine Geliebte, stand ich allein in dieser Welt, und mein Alleinsein war erbarmungslos wie der Tod. Ich glich einer Blume, die im Schatten eines mächtigen Felsens wächst, von dessen Dasein das Leben nichts wahrnimmt und der seinerseits das Leben nicht beachtet. Doch heute erwachte meine Seele, und ich sah dich an meiner Seite stehen. Ich stand auf und ward beglückt; in Ehrfurcht kniete ich nieder und betete dich an.

Gestern schien die Berührung der Luft rauh zu sein, und die Strahlen der Sonne wärmten nur schwach; Nebel umhüllten das Antlitz der Erde, und die Wogen der See brüllten wie der Sturm.

Ich schaute mich überall um, doch sah ich nichts als mein eigenes Leid, das neben mir stand, während die Schatten der Dunkelheit aufstiegen und wie hungrige Geier über mich herfielen.

Heute erscheint die Natur in Licht gebadet,

und die Nebel sind verschwunden. Wohin ich auch blicke, sehe ich die Geheimnisse des Lebens offen vor mir liegen.

Gestern war ich ein tonloses Wort im Herzen der Nacht; heute bin ich ein Lied auf den Lippen der Zeit.

All dies ereignete sich in einer einzigen Sekunde und wurde von einem Blick, einem Wort, einem Seufzer und einem Kuß geschaffen.

Dieser Augenblick, meine Geliebte, verband die vergangene Bereitschaft meiner Seele mit den künftigen Hoffnungen meines Herzens. Er war wie eine weiße Rose, die sich vom Schoß der Erde zum Licht des Tages emporstreckt.

Dieser Augenblick hatte für mich dieselbe Bedeutung wie die Geburt Christi für das Zeitalter des Menschen, denn er war erfüllt von Liebe und Güte. Er verwandelte Dunkelheit in Licht, Trauer in Freude und Verzweiflung in Wonne.

Geliebte, die Feuer der Liebe fallen in vielerlei Gestalt vom Himmel, doch ihr Eindruck auf die Welt ist der gleiche. Die kleine Flamme, welche das menschliche Herz erleuchtet, gleicht einer lodernden Fackel, die vom Himmel herabkommt, um die Wege der Menschheit zu erhellen.

Denn in einer Seele sind die Hoffnungen und Gefühle der gesamten Menschheit enthalten.

Die Juden, meine Geliebte, erwarteten das Kommen eines Messias, der ihnen verkündet war und der sie aus ihrer Knechtschaft befreien sollte.

Und der Große Weltgeist hielt die Verehrung von Jupiter und Minerva nicht länger für nützlich, denn die dürstenden Herzen der Menschen konnten mit diesem Wein nicht mehr befriedigt werden.

In Rom machten sich die Menschen Gedanken über das Göttliche Apolls, eines Gottes ohne Mitleid, und auch die Schönheit der Venus verfiel bereits.

Denn tief in ihren Herzen – ohne es zu verstehen – hungerten und dürsteten diese Völker nach der höchsten Lehre, die jede andere, auf Erden findbare, übersteigen würde. Sie verlangten nach der Freiheit des Geistes, der ihnen lehren sollte, sich mit ihren Nachbarn am Licht der Sonne und an den Wundern des Lebens zu erfreuen. Denn es ist diese geliebte Freiheit, die den Menschen dem Unsichtbaren nahebringt, zu dem er ohne Furcht oder Scham kommen kann.

All dies ereignete sich vor zweitausend Jahren, meine Geliebte, als die Wünsche des Herzens um sichtbare Dinge kreisten, in der Furcht, dem ewigen Geist nahe zu kommen –

während Pan, der Gott der Wälder, die Herzen der Hirten mit Angst erfüllte, und Baal, der Sonnengott, mit den gnadenlosen Händen der Priester die Seelen der Armen und Unterdrückten quälte.

Doch in einer Nacht, in einer Stunde, in einem Augenblick der Zeit öffneten sich die Lippen des Geistes und sprachen das geheiligte Wort «Leben»; und es wurde Fleisch in einem Kind, das im Schoße einer Jungfrau schlief – in einem Stall, in dem Hirten ihre Herde vor dem Angriff wilder Tiere in der Nacht schützten und die verwundert auf das kleine Kind in der Krippe blickten.

Der kindliche König saß, in seiner Mutter armseliges Gewand gewickelt, auf einem Thron von schwer beladenen Herzen und hungrigen Seelen, aber durch seine Demut wand er das Zepter der Macht aus der Hand Jupiters und gab es dem armen Schäfer, der über seiner Herde wachte.

Und von Minerva nahm er die Weisheit und legte sie in das Herz eines Fischers, der sein Netz flickte.

Von Apollo holte er die Freude durch sein eigenes Leid und schenkte sie dem Bettler, der mit gebrochenem Herzen am Wegesrand stand.

Von Venus nahm er die Schönheit und goß sie

in die Seele der gefallenen Frau, die vor ihrem grausamen Unterdrücker zitterte.

Er stieß Baal vom Thron der Macht und setzte an seine Stelle den armen Ackersmann, der im Schweiße seines Angesichts die Saat auf die Felder streute.

Geliebte, war meine Seele gestern nicht den Stämmen Israels vergleichbar? Wartete ich nicht auch in der Stille der Nacht auf das Kommen meines Retters, der mich von der Knechtschaft und den Übeltaten der Zeit erlösen sollte? Fühlte ich nicht wie die Völker vergangener Tage den großen Hunger und Durst nach dem Geist? Ging ich nicht auf der Straße des Lebens wie ein verlorenes Kind in der Wildnis, und war nicht mein Leben einem Saatkorn gleich, das, auf einen Stein geworfen, von keinem Vogel gesucht und von keinem Element gespalten, nicht zum Leben gebracht wurde?

All dies ereignete sich gestern, meine Geliebte, als meine Träume sich an die Dunkelheit klammerten und das Kommen des Tages fürchteten.

All dies geschah, als die Trauer mein Herz zerriß und die Hoffnung sich bemühte, es gesunden zu lassen.

In einer Nacht, in einer Stunde, in einem Augenblick der Zeit stieg der Geist aus der Mitte des göttlichen Lichts herab und blickte mich mit den Augen deines Herzens an. Aus diesem Blick wurde die Liebe geboren und fand eine Wohnstatt in meinem Herzen.

Diese große Liebe, die in das Gewand meiner Gefühle gehüllt war, verwandelte meine Trauer in Freude, meine Verzweiflung in Glück und meine Einsamkeit in ein Paradies.

Liebe, die mächtige Regentin, hat meinem toten Selbst das Leben wiedergegeben. Sie brachte meinen vor Tränen blinden Augen das Licht zurück und hob mich aus dem Abgrund der Verzweiflung zum himmlischen Reich der Hoffnung empor.

Denn all meine Tage waren wie Nächte, meine Geliebte. Doch siehe, der Morgen naht, und bald wird die Sonne aufgehen. Denn der Atem des Kindes Jesus hat das Firmament erfüllt und ist mit dem Himmel eins geworden. Das Leben, einst voll Leid, ist nun vor Freude übervoll, denn die Arme des Kindes halten meine Seele umfaßt.

Ein Garten in ständiger Blüte

Vor dem Thron der Schönheit

An einem schönen Tag floh ich vor dem häßlichen Anblick der Menschenmenge und dem verwirrenden Lärm der Stadt. Ich lenkte meine müden Schritte in ein weites Tal und folgte dem einladenden Lauf eines Bächleins und dem Gesang der Vögel, bis ich an eine einsame Stelle gelangte, an der die Äste der Bäume die Sonne davon abhielten, mit ihren Strahlen die Erde zu berühren. Da stand ich und ließ meine Seele dahinfließen, jene dürstende Seele, die bisher nur die Täuschungen des Lebens gesehen hatte, aber nichts von seiner wahren Lieblichkeit.

Ich war in meine Gedanken vertieft, und mein Geist weilte in höheren Sphären, als plötzlich eine Paradiesjungfrau vor mir erschien, die nur mit einigen Weinblättern bekleidet war und einen Kranz von Mohnblumen in ihrem goldenen Haar trug. Als sie mein Erstaunen bemerkte, grüßte sie mich und sagte: «Hab keine Angst vor mir; ich bin die Nymphe des Dschungels.»

«Wie kann ein so schönes Wesen wie du an solch einem Ort leben? Sage mir bitte, wer du bist und woher du kommst», bat ich. Anmutig ließ sie sich im Grase nieder und antwortete: «Ich bin die Verkörperung der Natur. Ich bin die göttliche Jungfrau, die schon deine Väter verehrten und für die sie die Altäre und Tempel von Balbeek und Djabeil errichteten.» «Aber diese Tempel und Altäre wurden zerstört, und die Gebeine meiner ehrenwerten Vorfahren sind zu Erde geworden», wagte ich zu sagen. «Es blieb nichts übrig, das an ihre Göttin erinnert, außer einigen vergessenen Seiten im Buch der Geschichte.»

Sie entgegnete: «Einige Göttinnen leben so lange wie die, welche sie verehren, und sie sterben, wenn diese sterben; andere dagegen haben ein ewiges Leben. Mein Leben wird von der Welt der Schönheit getragen, die du sehen wirst, wo immer du dein Auge hinwendest, denn die Natur selbst ist diese Schönheit. Mit ihr beginnt die Freude des Schäfers an den Hügeln, das Glück des Bauern auf den Feldern sowie die Festlichkeit alteingesessener Stämme, die zwischen dem Gebirge und dem flachen Land leben. Diese Schönheit erhebt den Weisen auf den Thron der Wahrheit.»

Daraufhin sagte ich: «Die Schönheit ist eine schreckliche Macht!»

«Menschliche Wesen fürchten alles», gab sie zurück, «sogar sich selbst. Ihr fürchtet den Himmel, die Quelle des geistigen Friedens; ihr fürchtet die Natur, den Hafen der Ruhe und der Stille; ihr fürchtet sogar den Gott der Güte und bezichtigt ihn des Zorns, obwohl er voll Liebe und Barmherzigkeit ist.»

Nach einer langen Stille, in die sich süße Träume einschlichen, bat ich sie: «Sprich zu mir von jener Schönheit, welche die Menschen nach ihren eigenen Vorstellungen zu deuten versuchen. Ich habe gesehen, auf welch mannigfaltige Weise sie verehrt wird.»

«Schönheit ist das, was die Aufmerksamkeit deiner Seele auf sich zieht», antwortete sie, «und das, was mit Freuden gibt, ohne etwas dafür zu verlangen. Wenn du die Schönheit triffst, wirst du fühlen, daß sich in deinem Inneren die Hände weit vorstrecken, um sie in dein Herz einzulassen. Sie ist eine Kostbarkeit, in der Freude und Leid vereint sind; sie ist das Unsichtbare, das du sehen kannst, das Unbestimmte, das du verstehst und die Lautlosigkeit, die zu vernehmen ist. Sie ist das Allerheiligste, das seinen Beginn in dir selbst hat und erst jenseits deines irdischen Erscheinens endet.»

Sodann trat die Nymphe des Dschungels auf mich zu und legte ihre wohlriechende Hand auf meine Augen. Und als sie sie wieder wegzog, war ich alleine. Ich kehrte in die Stadt zurück, deren Gewühl mich nun nicht mehr bedrückte, und wiederholte die Worte der Nymphe:

«Schönheit ist das, was die Aufmerksamkeit deiner Seele auf sich zieht, und das, was mit Freuden gibt, ohne etwas dafür zu verlangen.»

Gewänder

Schönheit und Häßlichkeit trafen sich eines Tages an der Küste des Meeres. Und sie sprachen zueinander: «Laß uns hinausschwimmen.»

Sie legten ihre Kleider ab und badeten in den Fluten. Nach kurzer Zeit kam die Häßlichkeit zum Ufer zurück, zog sich das Gewand der Schönheit über und machte sich davon.

Und als die Schönheit dem Meer entstieg, da fand sie ihr Gewand nicht mehr und streifte sich die Kleider der Häßlichkeit über. Und auch sie ging ihres Weges.

Seitdem werden beide von Männern wie von Frauen verwechselt.

Doch gibt es welche, die haben das Antlitz der Schönheit erblickt und erkennen sie – ungeachtet ihres Kleides; und andere gibt es, die das Gesicht der Häßlichkeit kennen, und auch ihr Gewand vermag nicht, es vor ihren Augen zu verbergen.

Die Göttin der Phantasie

Nach einer ermüdenden Reise erreichte ich die Ruinen von Palmyra. Dort ließ ich mich erschöpft auf das Gras fallen, das um die Säulen wucherte, die von der Zeit zerschmettert und niedergeworfen worden waren und den Trümmern glichen, die einfallende kriegerische Truppen hinterlassen.

Als die Nacht hereinbrach und der schwarze Mantel der Stille alle Geschöpfe einhüllte, nahm ich einen sonderbaren Duft wahr, so edel wie Weihrauch und so berauschend wie Wein. Mein Geist tat sich auf, um von diesem himmlischen Nektar des Äthers zu trinken. Da schien es mir, als ob sich eine verborgene Hand auf meine Sinne legte, und meine Lider wurden schwer, während mein Geist sich von seinen Fesseln befreit fühlte.

Die Erde unter meinen Füßen begann zu schwanken, und der Himmel über mir erzitterte. Ich sprang auf, als würde mich eine geheimnisvolle Kraft nach oben ziehen, und fand mich auf einer Wiese wieder, die so beschaffen war, wie es ein menschliches Wesen noch nie erblickt hatte. Ich befand mich inmitten einer Schar junger Mädchen, die nichts trugen außer dem, was Gott ihnen an Schönheit gegeben hatte. Sie tanzten um mich herum, ohne mit den Füßen das Gras zu berühren, und sangen Lieder, in denen sie die Träume der Liebe zum Ausdruck brachten. Jedes Mädchen spielte auf einer Laute aus Elfenbein mit goldenen Saiten.

Ich gelangte an eine weite Lichtung, in deren Mitte ein Thron stand. Er war mit Edelsteinen verziert und wurde von den Strahlen des Regenbogens angeleuchtet. Die Jungfrauen stellten sich zu beiden Seiten des Thrones auf, erhoben ihre Stimme und blickten in die Richtung, aus welcher der Duft von Myrrhe und Weihrauch strömte. Die Bäume standen in Blüte, und es trat eine mit Blumen bekränzte Königin zwischen ihnen hervor, die majestätisch zum Thron schritt. Als sie sich setzte, flog eine Schar schneeweißer Tauben vom Himmel herab und ließ sich im Halbrund ihr zu Füßen nieder, während die Mädchen Lobgesänge anstimmten. Ich stand da und betrachtete, was noch keines Menschen Auge gesehen und noch nie eines Menschen Ohr gehört hatte.

Die Königin gab ein Zeichen, und es wurde still. Und mit einer Stimme, die meine Sinne erbeben ließ wie die Saiten einer Laute unter der Hand des Spielers, sprach sie: «Mensch, ich habe dich gerufen, denn ich bin die Göttin der Phantasie. Ich habe dir die Ehre gewährt, vor mich, die Königin des weiten Landes der Träume, zu treten. Achte auf meine Gebote, denn ich befehle dir, sie allen Menschen zu überbringen. Erkläre ihnen, daß die Stadt der Träume einem Hochzeitssaal gleicht, an dessen Eingang ein mächtiger Riese Wache hält. Niemand darf ohne festliche Kleidung eintreten. Lasse sie wissen, daß diese Stadt ein Paradies ist, vom Engel der Liebe bewacht, und daß keiner dieses Paradies je sehen wird außer demjenigen, auf dessen Stirn das Zeichen der Liebe geschrieben steht.

Führe ihnen diese schönen Gefilde vor Augen, in deren Bächen Nektar und Wein fließen und deren Vögel im Himmel schweben und mit den Engeln singen. Erzähle ihnen vom berauschenden Duft der Blumen hier und tu ihnen kund, daß nur der Sohn des Traumes dieses zarte Gras betreten darf.

Sage ihnen, daß ich dem Menschen einen Kelch voll Freude gereicht habe, doch er – in seiner Unwissenheit – schüttete ihn aus. Daraufhin füllten die Engel der Dunkelheit ihn mit dem Gebräu des Kummers. Der Mensch trank und wurde berauscht. Sage ihnen, daß keiner die Lyra des Lebens zu spielen vermag, bevor nicht seine Finger durch meine Berührung gesegnet und seine Augen durch den Anblick meines Thrones geheiligt wurden.

Jesaja fügte die Worte der Weisheit wie eine Kette von Edelsteinen zusammen und befestigte sie an meiner Liebe. Johannes erzählte seine Offenbarung in meinem Namen. Und Dante konnte den Zufluchtsort der Seelen nicht ohne mein Geleit erforschen. Ich bin das Sinnbild, das die Wirklichkeit umarmt, und bin die Wirklichkeit, durch welche die Einzigartigkeit des Geistes enthüllt wird. Ich bin der Zeuge, der die Taten der Götter bestätigt.

Wahrlich, ich sage dir, die Gedanken wohnen über der sichtbaren Welt, und ihre himmlischen Höhen sind nicht umwölbt von sinnlich Wahrnehmbarem. Die Vorstellungskraft findet einen Weg zum Reich der Götter, und dort kann der Mensch das erblicken, was nach der Befreiung der Seele von der Welt der Materie sein wird.»

Und die Göttin der Phantasie zog mich mit ihrem geheimnisvollen Blick an sich, küßte meine brennenden Lippen und sprach: «Erzähle den Menschen, daß derjenige, der seine

Tage nicht im Reich der Träume verbringt, ein Sklave der Zeit ist.»

Daraufhin erklangen die Stimmen der Jungfrauen abermals, und der Duft von Weihrauch stieg zum Himmel empor. Die Erde begann zu schwanken, und der Himmel erzitterte. Und plötzlich fand ich mich wieder zwischen den traurigen Ruinen von Palmyra.

Der Morgen dämmerte bereits, und auf meinen Lippen lagen die Worte: «Derjenige, der seine Tage nicht im Reich der Träume verbringt, ist ein Sklave der Zeit.»

Wir und ihr

Wir sind die Söhne der Trauer,
Und ihr seid die Kinder der Freude.
Die Trauer jedoch ist das Bild eines Gottes,
Der nicht im Bereich böser Herzen wohnt.

Wir sind mit Trauer behaftete Wesen, aber diese
Ist viel zu gewaltig, um in beengten Herzen zu
 leben.
Und wenn ihr lächelt, dann weinen wir;
 derjenige aber,
Der einmal durch seine eigenen Tränen
 geläutert wurde,
Wird rein sein für immer.

Ihr habt kein Verständnis für uns,
Wir aber bieten euch Freundschaft an.
Ihr werdet vom Flusse des Lebens getragen
Und werft keinen Blick auf uns;
Wir jedoch sitzen am Ufer, sehen euch zu
Und lauschen auf eure fremden Stimmen.

Ihr könnt unsern Ruf nicht vernehmen,
Denn der Tumult der Tage hat eure Ohren
    verstopft,
Die zudem verschlossen sind durch die
    Gleichgültigkeit,
Mit der ihr seit Jahren die Wahrheit vertratet.
Wir hören jedoch euren Gesang, denn das
    Flüstern der Nacht
Hat unsere Herzen geöffnet. Wir nehmen euch
Unter dem Zeigefinger des Lichtes wahr,
Ihr jedoch könnt uns nicht sehen, denn wir stehen
In der erleuchteten Dunkelheit.

Wir sind die Söhne der Trauer,
Die Dichter, Propheten und Musiker.
Und aus den Fasern uns'rer Herzen weben wir
Den Mantel der Gottheit; und die Saat unserer
    Seelen
Legen wir in die Hände der Engel.

Ihr seid die Kinder des irdischen Frohsinns.
Ihr legt euer Herz in die Hände der Leere,
Denn die Berührung mit ihr
Ist sanft und verlockend.

Ihr wohnt im Hause der Unwissenheit,
Denn dort ist kein Spiegel, der euch
Den Blick in eure Seele gewährt.

Wir seufzen; und unsere Seufzer bewirken
Das Flüstern der Blumen, das Rascheln der
   Blätter,
Das Murmeln der Bäche.

Wenn ihr uns verspottet, klingt euer Hohn
Wie klappernde Knochen, wie rasselnde Ketten
Und wie das Gejammer der Unterwelt.
Weinen wir aber, dann fallen die Tränen
Mitten ins Herz des Lebens hinein,
So wie der Tau vom Auge der Nacht ins Herz des
   dämmernden Morgens.
Doch wenn ihr lacht, fließt euer Hohn
Wie das Gift einer Viper in eine offene Wunde.

Wir weinen und empfinden Mitleid mit dem
   verirrten Pilger
Und der verlass'nen Witwe; ihr aber lacht und
   freut euch,
Wenn ihr den Glanz des Goldes seht.

Wir weinen und vernehmen auch
Die Klagen des Betrogenen und das Gestöhn'
   des Unterdrückten;
Ihr aber lacht, denn ihr hört nur
Den hellen Klang der weingefüllten Becher.

Wir weinen, denn unser Geist ist gegenwärtig

Von Gott getrennt. Ihr aber lacht, und völlig
  unbekümmert
Haltet ihr euch an der Erde fest.

Wir sind die Söhne der Trauer,
Und ihr die Kinder der Freude ... Wir wollen
Das Ergebnis uns'rer Trauer an den Taten eurer
  Freude
Vor dem Angesicht der Sonne messen ...

Ihr habt auf den Herzen von Sklaven
Die Pyramiden errichtet; doch diese stehen
Auf Sand und erinnern für alle Zeiten
An uns're Unsterblichkeit und euer
  Verschwinden.

Auf den Gebeinen der Schwachen habt ihr
Babylon erbaut; und Ninives Paläste
Steh'n auf den Gräbern der Armen.
Babylon ist heute nur noch der Fußabdruck
  eines Kamels
In der Wüste, und seine Geschichte wird den
  Völkern erzählt,
Die uns verehren, euch aber verfluchen.

Wir meißelten Ishtar aus einem Marmorblock;
Und der Stein verlor seine Starrheit
Und spricht durch seine Verwandlung.

Wir schrieben und spielten sodann auf der Harfe
Die sanften Lieder des Nahawand. Und des
  Geliebten Seele
Kam aus den Himmelshöhen zu uns
  herabgeschwebt;
Mit Worten und mit Taten verklärten wir das
  höchste Wesen;
Wobei die Worte gleichsam zum Wort Gottes
  wurden
Und die Taten zu der Engel überwältigender
  Liebe.

Ihr folgt dem Vergnügen, von dessen Klauen
In den Arenen von Rom und in Antiochia
Tausende Märtyrer zerrissen wurden ...
Wir aber folgen der Stille, deren behutsame
  Finger
Die Ilias schrieben sowie das Buch des Hiob
Und Jeremias' Klagen.

Ihr legt euch mit der Wollust nieder, die
Eines Weibes Seele auf tausendfache Art
  berührt,
Und Scham und Angst erzeugt ... Doch wir
Umarmen nur die Einsamkeit, aus deren
  Schatten
Die Schönheiten Hamlets und Dantes
  erwuchsen.

Ihr sucht nur der Begierde zu gefallen,
Durch deren scharfes Schwert schon Ströme
Warmen Blutes flossen ... Wir aber wünschen uns
Die Wahrheit zur Gefährtin, durch deren Hände
Wir die Kenntnis von dem großen Herzen
Des Lichtes erhielten.

Wir sind die Söhne der Trauer, und ihr seid
Die Kinder der Freude. Aber Trauer und Freude werden
Durch einen engen und steinigen Weg getrennt.
Eure geistigen Pferde können ihn nicht betreten
Und eure prächtigen Kutschen ihn nicht befahren.

Wir haben Mitleid mit eurer Verblendung in dem Maß,
Wie ihr uns're Großzügigkeit haßt.
Und zwischen Mitleid und Haß steht die Zeit völlig verwirrt.
Wir kommen zu euch als Freunde, ihr aber bekämpft uns wie Feinde.
Und zwischen Freundschaft und Feindschaft
Liegt eine Schlucht, in welcher nur
Blut und Tränen fließen.

Wir bauen für euch Paläste, ihr aber schaufelt
 nur Gräber
Für uns. Und zwischen dem schönen Palast und
 dem finsteren Grab
Wandert die Menschheit wie eine Wache
Mit eisernen Waffen auf und ab.

Wir streuen Rosen auf euren Weg, doch ihr legt
Dornen in unser Bett. Und zwischen den
 Dornen und den Rosen
Schläft unruhig die Wahrheit.

Seit dem Beginn dieser Welt bekämpft ihr
Mit großer Kraft uns're grundgütige Macht.
Und wenn ihr nur eine Stunde lang Oberhand
 habt,
Dann quakt ihr so freudig wie Frösche im
 Wasser.
Doch wenn wir euch besiegen und eine Zeitlang
 bezähmen,
Verhalten wir uns wie schweigende Riesen.

Ihr kreuzigtet Jesus, habt ihn verspottet
Und spucktet auf ihn; jedoch er kam wieder
Und überwand die Geschlechter.
Er wandelte wie ein Held unter euch
Und erfüllte das All mit Schönheit und Ehre.

Den Sokrates habt ihr vergiftet und Paulus
  gesteinigt,
Ihr brachtet Ali Talib um und meucheltet
  Madhat Pasha.
Sie wurden dennoch unsterblich
Und leben mit uns im Angesichte der Ewigkeit.

Ihr aber lebt im Gedächtnis des Menschen
Wie ein Leichnam auf Erden; ihr werdet
Keinen finden, der euch
Im Dunkel des Nichtseins und des Vergessens
  begräbt,
Welches ihr suchtet im irdischen Sein.

Wir sind die Söhne der Trauer,
Und die Trauer ist eine satte Wolke, aus welcher
Wissen und Wahrheit auf die Menschheit
  strömen.
Ihr seid die Kinder der Freude,
Aber wie weit eure Freude auch reichen mag,
Das Gesetz Gottes wird sie mit den himmlischen
  Winden
Zerstreuen und in nichts auflösen.
Denn sie ist nur eine dünne Säule aus Rauch.

Wir sind Gott
in der Gestalt des Blattes

Wer ist Gott?

Am ersten Tag der Woche, als der Klang der Tempelglocken an ihr Ohr drang, sagte einer von ihnen: «Meister, man spricht viel über Gott in dieser Gegend. Was hast du über Gott zu sagen, und wer ist Er in Wahrheit?»

Almustafa stand vor ihnen wie ein junger Baum, der nicht Wind noch Wetter fürchtet, und er antwortete, indem er sprach: «Meine Weggefährten und Freunde, denkt euch ein Herz, das all eure Herzen beherbergt, eine Liebe, die all eure Liebe umfaßt, einen Geist, der all euren Geist umgibt, eine Stimme, die all eure Stimmen einschließt, und eine zeitlose Stille, die tiefer ist als all eure Stille.

Nun sucht in der Fülle eures Selbst eine Schönheit wahrzunehmen, bezaubernder als alles Schöne, ein Lied, unermeßlicher als die Lieder des Meeres und des Waldes, eine Erhabenheit auf einem Throne, an dem Orion nur eine Stufe ist, und die ein Zepter trägt, in dem das Siebengestirn nichts ist als der Schimmer von Tropfen des Taus. Immer habt ihr nur Essen und Schutz gesucht, ein Gewand und einen Stab; sucht nun den einen, der weder ein Ziel für eure Pfeile ist noch eine Steinhöhle, die euch vor den Elementen schützt. Und wenn meine Worte hart wie Fels und rätselhaft sind, dann sucht erst recht, damit eure Herzen aufgehen und eure Frage euch zur Liebe und Weisheit des Allerhöchsten führt, den die Menschen Gott nennen.»

Und sie schwiegen jeder für sich und waren bestürzt; und Almustafa fühlte Mitleid mit ihnen, und er blickte sie zärtlich an und sprach: «Laßt uns nun nicht mehr von Gott, dem Vater, sprechen. Laßt uns lieber von den göttlichen Naturen sprechen, die eure Nachbarn sind und eure Brüder, jene Kräfte, die eure Häuser und eure Felder bewegen.

Ihr könntet in eurer Vorstellung euch bis zu den Wolken erheben und dies für Höhe halten; und ihr könntet über das unermeßliche Meer fahren und dies für Entfernung ansehen. Doch ich sage euch: Wenn ihr einen Samen in die Erde legt, erreicht ihr größere Höhen; und wenn ihr eurem Nachbarn die Schönheit des Morgens rühmt, überquert ihr ein größeres Meer.

Zu oft singt ihr von Gott, dem Unendlichen, aber in Wahrheit hört ihr das Lied nicht. Könntet ihr das Lied der Vögel wahrnehmen und die fallenden Blätter, wenn der Wind darüberstreicht, so würdet ihr nicht vergessen, daß diese nur singen, wenn sie vom Ast getrennt.

Abermals bitte ich euch, nicht so freimütig von Gott zu sprechen, der unser Alles ist – lieber sprecht miteinander und beginnt, einander zu verstehen – Nachbar zu Nachbar, göttliche Natur zu göttlicher Natur.

Denn wer wird den Nestling füttern, wenn die Mutter nur in den Himmel sieht? Und welche Anemone wird ihre Erfüllung finden, bis sie nicht durch eine Biene mit einer anderen Anemone sich vermählt?

Nur wenn ihr in eurem geringeren Selbst verloren seid, sucht ihr den Himmel, den ihr Gott nennt. Könntet ihr doch die Pfade zu eurem unermeßlichen Selbst finden, dann wäret ihr weniger träge und würdet die Straßen festigen!

Meine Seeleute und Freunde, es wäre weiser, weniger von Gott zu sprechen, den wir nicht verstehen können, dafür mehr über jeden anderen, den wir verstehen.

Doch wisset, daß wir der Atem und der Wohlgeruch Gottes sind. Wir sind Gott in der Gestalt des Blattes, der Blüte und oftmals der Frucht.»

Die Antwort

Als vor Zeiten der erste bebende Laut über meine Lippen drang, erklomm ich den heiligen Berg und sprach zu Gott. Und ich sagte: «Herr, ich bin dein Diener. Dein geheimer Wille ist mein Gesetz, und ich folge dir immerdar.»

Aber Gott antwortete nicht. Er entschwand einem mächtigen Sturme gleich.

Und nach tausend Jahren erklomm ich den heiligen Berg, und wieder sprach ich zu Gott. Und ich sagte: «Schöpfer, ich bin dein Geschöpf. Aus Ton hast du mich geformt, und was ich bin und habe, schulde ich dir.»

Aber Gott antwortete nicht. Er entschwand tausend eiligen Flügeln gleich.

Und nach tausend Jahren erklomm ich den heiligen Berg, und wieder sprach ich zu Gott. Und ich sagte: «Vater, ich bin dein Sohn. Aus Liebe und Erbarmen hast du mich gezeugt, und in Liebe und Ehrerbietung will ich dein Königreich erben.»

Aber Gott antwortete nicht. Er verschwand wie Dunst in der Ferne.

Und nach tausend Jahren erklomm ich den heiligen Berg, und wieder sprach ich zu Gott. Und ich sagte: «Mein Gott, mein Ziel und meine Erfüllung. Ich bin dein Gestern, und du bist mein Morgen. Ich bin deine Wurzel in der Erde, du bist meine Blüte am Firmament, und gemeinsam wachsen wir vor dem Antlitz der Sonne.»

Da neigte sich Gott hernieder und flüsterte süße Worte in mein Ohr. Und wie der See das Bächlein umfängt, das in ihn mündet, so umfing er mich.

Und als ich in die Weiten und Täler hinabstieg, war Gott auch dort.

Gott und Götter

In der Stadt Kilafis stand ein Sophist auf den Stufen des Tempels und predigte, daß da viele Götter seien.

Und die Menschen dachten sich: «Das wissen wir alles. Leben sie nicht mit uns, und folgen sie uns nicht, wohin wir auch gehen?»

Nicht lange danach stand ein anderer Mann auf dem Marktplatz und rief: «Es gibt keinen Gott!» Und viele, die ihn hörten, freuten sich über seine Botschaft, denn sie hatten Angst vor den Göttern.

Und eines anderen Tages kam ein Mann von großer Beredsamkeit und lehrte: «Es gibt nur einen Gott.» Jetzt waren die Menschen bestürzt, denn insgeheim fürchteten sie das Gericht eines einzigen Gottes mehr als den Zorn vieler Götter.

Zur selben Zeit kam aber noch ein anderer Mann, der sprach zu den Leuten: «Es gibt drei Götter. Sie thronen über dem Wind als ein einziger Gott, und sie haben eine mächtige und barmherzige Mutter, die sowohl ihre Gattin als auch ihre Schwester ist.»

Da war ein jeder beruhigt und sagte sich insgeheim: «Drei Götter in einem werden über unsere Verfehlungen uneins sein, und außerdem wird ihre gnädige Mutter sicher einen guten Anwalt für uns arme, schwache Geschöpfe darstellen.»

Und bis auf den heutigen Tag gibt es in der Stadt Kilafis Menschen, die miteinander streiten, ob es viele Götter oder keinen Gott gibt, oder nur einen oder gar drei in einem samt ihrer wohlwollenden Mutter.

Der Pfad

An den Hügeln des Libanon lebte einst eine Frau mit ihrem Sohn, der ihr Erstgeborener war und ihr einziges Kind.

Und dieser Knabe starb am Fieber, während der Arzt daneben stand.

Die Mutter, verzweifelt und vom Schmerz erschüttert, schrie den Arzt flehentlich an: «Sag mir doch, was war es, das sein Spiel und sein Lied verstummen ließ?»

«Es war das Fieber», erwiderte der Arzt.

Und die Mutter fragte: «Was ist das – Fieber?»

«Ich kann es dir nicht erklären», antwortete der Arzt. «Es ist etwas, das unendlich klein ist, unseren Körper aufsucht und das das menschliche Auge nicht sehen kann.»

Daraufhin verließ sie der Arzt. Doch sie verharrte und wiederholte: «Etwas, das unendlich klein ist, und wir können es nicht sehen.»

Am Abend kam der Priester zu ihr, um ihr Trost zu spenden. Sie weinte und rief: «O, warum habe ich meinen Sohn verloren, meinen einzigen Sohn, meinen Erstgeborenen?»

Und der Priester antwortete: «Es ist Gottes Wille, mein Kind.»

Da rief die Frau: «Was ist Gott, und wo ist er? Ich will Ihn sehen, damit ich meine Tränen vor Ihm vergieße und mit meinem Herzblut Seine Füße benetze. Sage mir, wo ich Ihn finden kann.»

«Gott ist unendlich groß», sagte da der Priester, «und Er ist vor den Augen der Menschen verborgen.»

«Das unendlich Kleine», rief die Frau laut, «hat mir meinen Sohn genommen nach dem Willen des unendlich Großen. Was aber sind dann wir?»

In diesem Augenblick trat die Mutter der Frau ein mit dem Totenhemd für den Knaben; und sie vernahm die Worte des Priesters und das Weinen ihrer Tochter. Da legte sie das Totenhemd nieder, faßte ihre Tochter bei der Hand und sprach: «Meine Tochter, wir selbst sind das unendlich Kleine und das unendlich Große; aber wir sind auch der Pfad zwischen beiden.»

Der Fluß der Stille

Nebel, meine Schwester

Nun war es Nacht geworden.
Almustafa hatte die Hügel erreicht. Sein Schritt hatte ihn zum Nebel geführt, und er stand, vor allem verborgen, inmitten der Felsen und weißen Zypressen; und er sprach:

«O Nebel, meine Schwester, weißer Atem, noch nicht in einer Form gefangen,
Ich kehre zu dir zurück als weißer Atem und ohne Stimme,
Als noch nicht ausgesproch'nes Wort.

O Nebel, meine beflügelte Schwester, nun sind wir vereint,
Und wir werden zusammenbleiben bis zum nächsten Tag des Lebens,
Dessen Morgendämmerung dich als Tautropfen in einen Garten legt
Und mich als Kind an die Brust einer Frau,
Und wir werden uns erinnern.

O Nebel, meine Schwester, ich kehre zurück, als
  Herz, das in seine Tiefen horcht,
Wie auch dein Herz;
Ein Wunsch, bebend und ohne Ziel, wie der
  deine,
Ein Gedanke, noch nicht gesammelt, wie der
  deine.

O Nebel, meine Schwester. Erstgebor'ne meiner
  Mutter,
Meine Hände halten noch die grünen Samen,
  die zu verstreuen du mich batest,
Und meine Lippen sind versiegelt von dem
  Lied,
das zu singen du mich hießest;
Ich bringe keine Frucht und keinen Widerhall,
Denn meine Hände waren blind und meine
  Lippen ohn' Ertrag.

O Nebel, meine Schwester, wie liebte ich die
  Welt, und wie liebte sie mich wieder,
Denn all mein Lächeln lag auf ihren Lippen,
  und ihre Träne stand in meinem Auge;
Doch gab es eine Kluft der Stille zwischen uns,
  die sie nicht überbrücken
Und ich nicht überschreiten konnte.

O Nebel, meine Schwester, meine Schwester
   Nebel, ohne Tod,
Einst sang ich alte Lieder meinen kleinen
   Kindern,
Und sie hörten zu, Bewunderung auf ihrem
   Antlitz;
Doch morgen werden sie das Lied vielleicht
   vergessen,
Und ich weiß nicht, zu wem der Wind es tragen
   wird.
Obwohl es nicht das meine war, so kam es doch
   zu meinem Herzen
Und lag für einen Augenblick auf meinen
   Lippen.

O Nebel, meine Schwester, auch wenn alles dies
   vergeht,
Bin ich im Frieden
Es genügte mir, für die zu singen, die geboren
   sind;
Und wenn das Lied auch nicht das meine ist,
Entspringt es meines Herzens tiefstem Wunsch.

O Nebel, meine Schwester Nebel,
Nun bin ich eins mit dir.
Nicht länger mehr bin ich mein Selbst.
Die Mauern sind gestürzt, die Ketten sind
   zerbrochen.

Zu dir steig' ich – ein Nebel selbst – empor,
Wir werden auf dem Meere treiben bis zum
  nächsten Tag des Lebens,
Wenn die Morgendämmerung dich als Tau-
  tropfen in einen Garten legt und mich als
  Kind an die Brust einer Frau.»

Zwei Wünsche

In der Stille der Nacht stieg der Tod, von Gott gesandt, auf die Erde herab. Er flog über eine Stadt, und durchdrang mit seinen Blicken die Mauern der Häuser. Er sah, wie sich die Seelen auf den Schwingen der Träume wiegten und wie sich die Menschen der Barmherzigkeit des Schlafes überließen.

Als der Mond am Horizont unterging und die Stadt im Dunkel lag, wandelte der Tod still zwischen den Häusern umher und achtete darauf, nichts zu berühren. Schließlich gelangte er an einen Palast, betrat ihn durch das verriegelte Portal und stellte sich an das Bett des reichen Mannes. Als er seine Stirne berührte, öffnete der Schlafende die Augen und erschrak heftig.

Er sah die Erscheinung des Todes, und mit einer Stimme, die zwischen Angst und Ärger schwankte, rief er: «Geh weg, schreckliches Traumgebilde! Verlaß mich, furchtbares Gespenst! Wer bist du? Wie kamst du hier herein?

Was willst du? Geh schleunigst fort, denn ich bin der Herr dieses Hauses und werde meine Diener und Wachen rufen, damit sie dich töten!»

Mit sanfter Stimme, die jedoch wie ferner Donner grollte, sprach der Tod: «Ich bin der Tod. Steh auf und folge mir!»

«Was willst du?» rief der Reiche, «weshalb bist du hierhergekommen, wo ich doch meine Geschäfte noch nicht erledigt habe? Was willst du von einem so mächtigen Mann, wie ich es bin? Geh zu einem Schwachen und nimm ihn mit!

Ich verabscheue den Anblick deiner blutigen Klauen und deiner hohlen Wangen, und meine Augen schmerzen mich, wenn ich deine schrecklichen Schwingen und deine knöcherne Gestalt anblicke.»

Bald aber hatte er den Ernst der Lage erfaßt und sagte begütigend: «Nein, gnädiger Tod! Achte nicht auf meine Worte, denn nur aus Angst habe ich ausgesprochen, was das Herz zu sagen verbietet.

Nimm einen Scheffel meines Goldes oder eine Anzahl Sklavenseelen, aber geh wieder fort! Ich habe mit dem Leben noch Rechnungen zu begleichen, die mein Bleiben erfordern. Ich habe noch Anspruch auf eine Menge Gold, meine Schiffe sind noch nicht im Hafen eingelaufen, und mein Weizen ist noch nicht geerntet. Nimm alles, was du willst, aber schone mein Leben! O Tod, ich besitze einen Harem mit Frauen von übernatürlicher Schönheit; welche davon du dir auch erwählst, ich schenke sie dir. Und höre, Tod! Ich habe ein einziges Kind, einen Sohn, den ich zärtlich liebe, denn er ist die Wonne meines Lebens. Ich will ihn dir opfern für das höchste Gut, das ich dir geben kann – nimm ihn, aber verschone mich!»

«Du bist nicht reich, sondern zum Erbarmen arm», sprach der Tod leise. Dann ergriff er die Hand dieses Dieners der irdischen Güter, entriß ihn der Wirklichkeit und übergab ihn den Engeln zur Läuterung.

Langsam ging der Tod weiter und erreichte die Wohnstätten der Armen. Er betrat die armseligste Hütte, die er finden konnte und näherte sich einem Bett, auf dem ein unruhig schlafender Jüngling lag. Als der Tod seine Augen berührte, sprang der junge Mann auf, und da er erkannte, wer vor ihm stand, rief er mit freudiger Erwartung: «Hier bin ich, schöner Tod! Nimm meine Seele, denn du bist die Hoffnung meiner Träume. Erfülle sie und umarme mich, geliebter Tod! Du bist voll Erbarmen, verlasse mich nicht! Du bist der Bote Gottes, bringe mich zu ihm! Du bist der Wahrheit rechte Hand und das Herz der Güte, mißachte mich nicht!

Wie oft schon habe ich nach dir verlangt, doch du kamst nicht. Ich versuchte dich zu finden, aber du hast mich gemieden. Ich rief nach dir, doch du hörtest mich nicht. Nun aber hast du mich vernommen! Umarme meine Seele, geliebter Tod!»

Sanft legte der Tod seine Hand auf die bebenden Lippen des Jünglings, nahm alle Wesenheit von ihm ab und breitete seine Schwingen aus, um ihm sicheres Geleit zu geben. Und während er wieder zum Himmel aufstieg, schaute er zurück und flüsterte mahnend:

«Es kehren nur die zur Ewigkeit heim,
Die schon auf Erden die Ewigkeit suchen.»

In der Stadt der Toten

Gestern entzog ich mich dem Lärm der Stadt und wanderte hinaus durch die stillen Fluren, bis ich einen Hügel erreichte, den die Natur mit dem schönsten Gewand geschmückt hatte. Dort hielt ich an und blickte auf die Stadt mit ihren hochragenden Gebäuden und prächtigen Palästen unter einer dichten Wolke von Rauch, der aus den Fabriken kam.

Ich setzte mich hin, und aus der Entfernung dachte ich nach über das Tun des Menschen. Ich kam zu dem Ergebnis, daß Mühen und Plagen den größten Teil seines Lebens ausmachten. Dann wandte ich meine Gedanken vom Menschen ab und richtete meinen Blick auf die Felder, den Thron Gottes. In der Ferne entdeckte ich einen kleinen Friedhof mit Marmorgräbern, der von Zypressen umgeben war.

Da saß ich nun zwischen der Stadt der Lebenden und der Stadt der Toten und machte mir Gedanken über das rastlose Tun und den ständigen Kampf in der einen und über die ungestörte Ruhe in der anderen Stadt. Auf einer Seite Hoffnung und Verzweiflung, Liebe und Haß, Reichtum und Armut, Glaube und Ablehnung, auf der anderen Seite Staub im Staub. Und die Natur macht das Verborgene sichtbar. Im Schweigen der Nacht verwandelt sie es in Pflanzen, dann in Tiere.

Während ich noch darüber nachdachte, erblickte ich eine Menschenmenge, die sich gemessenen Schrittes vorwärtsbewegte. Vor ihnen zog eine Musikkapelle, die die Atmosphäre mit getragener Musik erfüllte. Ihr folgten die Mächtigen und Angesehenen der Stadt. Offenbar die Beerdigung eines Reichen. Dem Sarg des Toten folgten die Lebenden weinend und klagend.

Die Prozession erreichte die Grabstätte. Die Priester traten hervor und beteten, indem sie ihre Weihrauchfässer schwenkten. Die Musiker standen abseits und bliesen in ihre Hörner. Dann traten die Grabredner vor und hielten Trauerreden. Zuletzt huldigten die Dichter dem Verstorbenen mit wohlgesetzten Worten. Alles vollzog sich ruhig und würdevoll. Nach einer Weile entfernte sich die Menge von dem Grab, dem sich die Totengräber näherten. Um die Grabstätte herum lagen prachtvolle Blumenkränze, die geschickte Hände angefertigt hatten.

Die Menschen kehrten zur Stadt zurück, und ich betrachtete sie nachdenklich aus der Ferne. Die Sonne näherte sich dem Untergang, und die Schatten der Felsen und Bäume wurden länger. Die Natur war damit beschäftigt, ihr Kleid aus Licht abzulegen.

In diesem Augenblick sah ich zwei Männer, die einen Holzsarg trugen. Hinter ihnen ging eine Frau in einem abgetragenen Kleid, die einen Säugling auf ihrer Schulter trug. Neben ihnen lief ein Hund her, der mal auf sie, mal auf den Sarg schaute. Das war das Begräbnis eines Armen. Ihm folgten eine Frau, die Tränen der Trauer vergießt, ein Kind, das weint, weil seine Mutter weint, und ein treuer Hund, der verzweifelt neben ihnen läuft.

Sie erreichten die Grabstätte und versenkten den Sarg in eine kleine Grube in einer entlegenen Ecke des Friedhofs – weit entfernt von den prächtigen Marmorgräbern. Dann gingen sie still zurück. Der Hund schaute noch ab und zu zum Platz, wo man seinen Freund zurückgelassen hatte, bis sie hinter Bäumen verschwanden.

Ich betrachtete die Stadt der Lebenden und sagte mir:

«Diese ist für die Reichen und Mächtigen!»

Dann schaute ich auf die Stadt der Toten und dachte:

«Auch jene ist für die Reichen und Mächtigen!

Wo ist die Heimat der Armen und Schwachen, o Herr?»

Während ich diese Frage stellte, blickte ich auf die Wolken am Himmel, deren Ränder von den Strahlen der Sonne golden gefärbt waren, und ich hörte eine Stimme in meinem Innern antworten:

«Dort!»

Gestern, heute und morgen

Ich sprach zu meinem Freund: «Siehst du, wie sie am Arm dieses Mannes geht? Erst gestern noch ging sie an meiner Seite.»

Und mein Freund fuhr fort: «Und morgen wird sie an der meinen gehen.»

«Sieh», sagte ich, «sie sitzt ganz dicht neben ihm. Erst gestern noch saß sie ganz dicht bei mir.»

«Morgen», sprach mein Freund, «wird sie bei mir sitzen.»

Ich sagte: «Schau, sie trinkt Wein aus seinem Becher, und gestern noch trank sie aus meinem.»

«Morgen wird es mein Becher sein», erwiderte er.

Da sagte ich: «Sieh nur, sie schaut ihn voll Liebe an, mit Augen des Entzückens. Gestern blickte sie mich so an.»

Und mein Freund meinte: «Morgen werden ihre Augen auf mir ruhen.»

«Hörst du nicht ihren leisen Liebesgesang?»

fragte ich. «Dieselben Lieder drangen gestern an mein Ohr.»

«Und morgen wird sie sie in meines flüstern», entgegnete mein Freund.

«Sieh nur, sie umarmt ihn. Gestern erst umarmte sie mich.»

«Morgen wird sie mich umarmen», sprach mein Freund.

Darauf sagte ich: «Was für eine seltsame Frau.»

Doch er antwortete: «Sie verhält sich wie das Leben, das die Menschen in sich tragen; und wie der Tod kommt sie über alle; und wie die Ewigkeit umarmt sie sie.»

Zu Khalil Gibran

Der Titel eines seiner Bücher könnte auch über der Biographie Khalil Gibrans stehen: «Der Wanderer». Am 6. Dezember 1883 im libanesischen Becharré geboren, kam er bereits im Alter von zwölf Jahren mit seiner Familie – Mutter und Geschwistern – erstmals in die USA, nach Boston. Was der Beginn dieser Existenz versprach, lösten das spätere Leben und Werk eindrucksvoll ein: eine Verbindung von Morgenland und Abendland auf ganz und gar eigentümliche Weise. Ost und West sind hier Pole, die einander anziehen, ebenso wie Poesie und Philosophie, Vergangenheit und Gegenwärtig-Zukünftiges.

Der Abkömmling aramäischer Christen ist gleichermaßen vertraut mit den Traditionen des arabischen und sonstigen östlichen Denkens wie mit der europäischen Aufklärung. Reisen führen ihn durch Süd- und Westeuropa; in Paris studiert er Malerei. Auf ein gesellschaftskritisches Frühwerk – *Rebellische Geister* lautet der

Titel eines seiner Bücher aus jener Zeit – folgt, 1923, die ‹mystische Wende›, markiert durch das Erscheinen von *Erde und Seele*.

Die zentralen Begriffe in den Texten Khalil Gibrans, Leben, Liebe, Schönheit, Gott, Natur, sind, ohne austauschbar oder gar identisch zu sein, keineswegs streng voneinander geschieden, sondern gehen immer wieder ineinander über, einer besetzt den Platz des anderen, es ist, als würden sie ‹wandern›. Die Einheit, von der dieser Autor, ein moderner Mystiker mit – abendländisch formuliert – pantheistischer Weltsicht, ständig spricht, ist keine bereits vorhandene, sie muß erst noch erreicht und, in erster Linie, poetisch beschworen werden. Das Ich, Ausgangs- und Bezugspunkt des Gibranschen Denkens, wird zwar «ein Meer, grenzenlos und unermeßlich», genannt; zugleich aber erscheint das menschliche Leben als «eine Insel in einem Ozean der Einsamkeit». Ebendiesen Zustand zu verändern, ihn zu beenden bedarf es der Liebe und vor allem der Schönheit, des Aufspürens der letzteren in all ihren Manifestationen in der Natur wie in der alltäglichen menschlichen Existenz.

Daher rührt die zentrale Stellung des Dichters, als eines Mittlers, als eines «Propheten», um den Titel von Gibrans wohl bekanntestem

Werk, erschienen 1926, aufzunehmen. Er – der Dichter – sieht den großen Zusammenhang der Dinge und befestigt ihn, indem er ihn besingt (wobei Khalil Gibran mit der arabischen Tradition bricht und auf den Reim verzichtet). Das Leben als Pfad, auf dem nichts verlorengeht – dies zu gewährleisten ist die Aufgabe und das Privileg des Poeten. Alles wandelt sich, um sich zu erhalten, um – auch und gerade den eigenen Tod – zu überleben: «Die Blumen des Frühlings sind die Träume des Winters ...»

Am 10. April 1931 starb Khalil Gibran in New York. Die Leiche wurde in den Libanon überführt und in einem Kloster in der Nähe seines Geburtsortes bestattet.

W. L.

Quellennachweis

The Voice of the Master. Übertragung aus dem Arabischen ins Amerikanische von Anthony R. Ferris bei Citadel Press, Secauses, N.J. Copyright © 1958 by Anthony R. Ferris.

Thoughts and Meditations. Übertragung aus dem Arabischen ins Amerikanische von Anthony R. Ferris bei Citadel Press, Secauses, N.J. Copyright © 1960 by Anthony R. Ferris.

Spiritual Sayings of Khalil Gibran. Übertragung aus dem Arabischen von Anthony R. Ferris bei Citadel Press, Secauses, N.J. Copyright © 1962 by Anthony R. Ferris.

Alle Rechte an den Übersetzungen ins Deutsche:

Wilhelm Goldmann Verlag GmbH, München: *Das große Khalil Gibran Lesebuch* (1992); *Im Garten des Propheten* (1986); *Der Wanderer* (1997).

Wilhelm Heyne Verlag, München: *Vor dem Altar der Liebe* (1986); *Gib mir die Flöte und laß mich singen!* (1992).

Wir danken den Rechtsinhabern, die uns freundlicherweise den Nachdruck von Beiträgen aus den genannten Werken gestatteten.

In jenen Fällen, in denen es nicht möglich war, den Rechtsinhaber resp. Rechtsnachfolger zu eruieren, konnte ausnahmsweise keine Nachdruckerlaubnis eingeholt werden. Honoraransprüche der Autoren oder ihrer Erben bleiben gewahrt.